甘肃省教育厅"双一流"科研重点项目(GSSYLXM-06)

国家社科基金项目"产业数字化赋能区域经济发展的效应研究"（23BJL118）

主　编　王必达

副主编　刘　明　王娟娟

"一带一路"
数字经济发展蓝皮书
——甘肃篇（2022年）

"YIDAIYILU"
SHUZI JINGJI FAZHAN LANPISHU
GANSUPIAN（2022NIAN）

中国财经出版传媒集团

经济科学出版社
Economic Science Press

·北京·

图书在版编目（CIP）数据

"一带一路"数字经济发展蓝皮书．甘肃篇．2022 年/
王必达主编；刘明，王娟娟副主编．－－北京：经济科
学出版社，2023.10
ISBN 978－7－5218－5310－0

Ⅰ.①一…　Ⅱ.①王…②刘…③王…　Ⅲ.①信息经
济-经济发展-研究报告-甘肃-2022　Ⅳ.①F492

中国国家版本馆 CIP 数据核字（2023）第 203092 号

责任编辑：杜　鹏　胡真子
责任校对：易　超
责任印制：邱　天

"一带一路"数字经济发展蓝皮书
——甘肃篇（2022 年）
主　编　王必达
副主编　刘　明　王娟娟
经济科学出版社出版、发行　新华书店经销
社址：北京市海淀区阜成路甲 28 号　邮编：100142
编辑部电话：010-88191441　发行部电话：010-88191522
网址：www. esp. com. cn
电子邮箱：esp_bj@163. com
天猫网店：经济科学出版社旗舰店
网址：http://jjkxcbs. tmall. com
北京中科印刷有限公司印装
787×1092　16 开　7 印张　110000 字
2023 年 10 月第 1 版　2023 年 10 月第 1 次印刷
ISBN 978－7－5218－5310－0　定价：58.00 元
（图书出现印装问题，本社负责调换。电话：010－88191545）
（版权所有　侵权必究　打击盗版　举报热线：010－88191661
QQ：2242791300　营销中心电话：010－88191537
电子邮箱：dbts@esp. com. cn）

编委会名单

前　言

2023 年是共建"一带一路"倡议提出的第十年。十年来"一带一路"建设在贸易合作量、双向投资、项目建设等方面硕果累累。双边合作机制也不断巩固，我国同 150 多个国家、30 多个国际组织签署共建"一带一路"合作文件，"一带一路"全球伙伴关系网络逐年扩大。共建"一带一路"倡议提出十年来，伴随 5G、大数据、云计算、人工智能等新兴数字技术的高速发展，"数字丝绸之路"赋予了"一带一路"倡议新的内涵。我国同"一带一路"共建国家发起了携手构建网络空间命运共同体行动、"一带一路"数字经济国际合作等倡议，持续深化与共建国家在数字基础设施建设、数字技术创新、产业数字化转型等领域的合作。与 20 个国家签署了加强数字丝绸之路（数字经济）建设合作的谅解备忘录，为共建国家衔接发展战略、加强政策协同、推动企业间的务实合作搭建了平台。同时，数字基础设施建设合作持续提升联通效率，一批优质商品、技术、产品走出国门；跨境电商成为推动货物贸易增长的新引擎，2022 年中国跨境电商进出口 2.11 万亿元，中国企业提供的云平台等服务、开展的"万村通"等项目正在持续给各国民众的生产生活带来便利。数字经济合作现已成为我国和"一带一路"共建国家的合作重点，越来越多的国家通过数字"一带一路"的辐射效应享受经济发展成果。

在"一带一路"建设的十年里，甘肃抢抓机遇，锚定建设"一带一路"

黄金通道，不断提高对外开放水平，加强与"一带一路"合作伙伴的经贸合作。近年来，甘肃省外贸进出口稳步增长，自2020年以来接连突破300亿元、400亿元、500亿元，分别达到372.8亿元、490.9亿元和584.2亿元。多年来，甘肃省借助文旅资源优势，与"一带一路"合作伙伴在文物保护、文化传承、数字技术、人才培养等方面开展合作交流，举办了各类以丝绸之路和敦煌文化为主题的文物外展30余次。狭长的河西走廊，不仅是商贸运输的通道、文明交融的地带，也是信息传输的枢纽。2021年，甘肃印发"十四五"规划纲要，明确要求加快建设丝绸之路信息港，共建通畅、安全、高效的网络大通道和综合信息服务体系，形成面向中西亚、南亚等地区的信息走廊。14个市州实现主城区5G（第五代移动通信）网络覆盖，兰州建成西北第二大信息通信网络枢纽，多地多个数据产业园建设加快推进。近年来，甘肃省在数字经济基础设施不断完善，产业发展蹄疾步稳，加速织就一条"数字丝绸之路"。

从愿景擘画到落地生根再到深耕细作，随着一系列相关政策的出台，甘肃省在融入"一带一路"倡议中留下了一行行坚实的足印，踏上了新的征程。2019年8月12日，甘肃省召开十三届省政府第62次常务会议，审议通过了《新时代甘肃融入"一带一路"抢占"五个制高点"规划》（以下简称《规划》），甘肃省融入"一带一路"建设路径愈加清晰。"五个制高点"规划要求表现在信息制高点方面，即完善信息基础设施建设，有序推进丝绸之路信息港建设，抢占数字经济新高地，打造服务我国西北，面向中西亚、南亚、中东欧等"一带一路"共建国家和地区的通信枢纽、区域信息汇集中心和大数据服务输出地，带动全省信息化发展，建设数字经济强省。

为梳理甘肃数字经济发展成就及现状，为数字经济在甘肃参与共建"一带一路"过程中有效发挥作用提供思考与建议，我们基于历年《中国统计年

鉴》《甘肃发展年鉴》以及甘肃省政府工作报告等资料中的相关数据编制了
本书。本书的编写分工为：王必达参与写作大纲的编制、讨论，终稿审核；
刘明参与写作大纲编制的讨论，提供编写资料，参与整书的编校工作；王娟
娟作为主要执笔人，编制写作大纲，参与并主导每一章的撰写、衔接，统筹
编写过程，对全书修纂定稿，校对全书；于涛撰写第二章第一节及第四章，
参与全书的统稿；张政撰写第一章、第五章、后记，并与李蓉一同撰写第三
章；吴菲撰写第二章第二节；李玲撰写第二章第三节；曲健与路昕蕾搜集整
理资料、校对全书；章印提供了大量写作建议。

编写组
2023 年 9 月 1 日

目　录

第一章　甘肃数字经济发展现状 *

"十三五"时期，甘肃省加快发展数字经济，规模、效益均稳步提升，信息基础设施日益完善，产业数字化和数字化转型取得积极成效，政府数字化治理体系加快推进。

1. 数字基础设施加速升级。截至 2020 年底，全省 14 个市（州）实现主城区 5G（第五代移动通信）网络覆盖，5G 网络人口覆盖率达到 24% 以上，县（市、区）网络平均出口带宽达到 200G，百兆以上宽带用户占比达到 92.5%；行政村光纤宽带和 4G 网络覆盖率达到 99% 以上。全省建成运行 300 个机柜以上数据中心 36 个，各类数据中心机架总数达到 59 012 架，可对外提供服务机柜 30 176 个，平均电能利用效率（PUE）值 1.31。金昌紫金云大数据中心、丝绸之路西北大数据产业园数据中心、甘肃联通马滩大数据中心、甘肃国网云数据中心等投入运营。

2. 产业数字化深入推进。农业数字化厚积薄发，数字化的应用推动农业生产的规模化，促进产业结构的优化升级，提升农产品的市场竞争力，构建完善农业生产体系，促使传统农业向现代化农业转型升级。甘肃省目前已发展高原夏菜和设施蔬菜近 1 000 万亩，2022 年上半年全产产值 510 亿元。甘肃省的工业有着雄厚的发展基础，近年来增长速度稳步向好，2021 年增速为

---

* 本部分除标明数据来源外，资料均来源于《甘肃省"十四五"数字经济创新发展规划》。

8.9个百分点，工业数字化转型升级稳步推进。在传统产业的创新升级与新兴产业的发展壮大这样的双向驱动之下，甘肃省工业经济的产值不断提升。服务业数字化特色鲜明，建成"一中心三体系三朵云"（即大数据中心，智慧旅游管理体系、服务体系、营销体系和智慧旅游支撑云、功能云、内容云）智慧旅游体系。建设"一部手机游甘肃"平台，推进"短视频上的甘肃"数字产业链发展，线上线下一体化发展模式加快建立。

3. 数字产业化亮点突出。2020年甘肃省数字经济企业达10.3万家，占到全省企业总数的25.8%，同比增长16%，增速高于同期企业总数增速的2.4%。甘肃数字产业化规模稳步提升，四大核心产业主营业务收入达564.72亿元，同比增长14.98%。鲲鹏生态创新中心和鲲鹏计算产业项目在兰州高新区落地建设，兰州电子商务孵化园、中科曙光甘肃先进计算中心、三维大数据物联网智能制造产业园、张掖智能制造产业园、平凉智能终端光电产业园、天水电子产业园等园区建设加快推进。金山云、猪八戒网、有牛网等一批互联网龙头和新锐企业落地甘肃，为加速数据信息产业发展要素积累提供了有力支撑。

4. 数字政务体系日趋完备。数字政务平台建设取得长足发展，政务云及互联网、政务专网等基础设施建设初具规模。政务服务便利化程度显著提升，中国移动甘肃数字政府项目的数据显示，2022年甘肃省一体化政务服务平台个人用户注册增长了2.6倍，2 500万人基本实现了"一人一户"。全省政务服务事项全程网办率达到98%以上，提升了近60个百分点。"甘快办"手机端可办理事项由6.7万项增加到18.5万项，增长了2.8倍。省直部门的所有宜办事项实现了网上全程可办，一件事主题集成服务由182个增加到534个。政务数据共享开放水平不断提升，"数据共享负面清单"全面推行，省级数据共享交换平台及政务信息共享网站建成投运，实现国家、省、市数据共享交换平台级联对接。

第二章　甘肃产业数字化进展

产业数字化以实体产业为核心，侧重数字技术与实体产业融合，实现产业生产、管理和服务的数字化转型，以提高生产效率、质量和降低成本。随着数字经济的不断发展，甘肃产业数字化进程正在稳步推进，在各传统产业中表现出不同发展现状。

第一节　第一产业数字化转型初见成效

促进数字经济与农业农村深度融合，是加快实现农业农村现代化、推动农业高质量发展的战略举措。根据中国信息通信研究院发布的《中国数字经济发展白皮书（2021）》，2020 年我国农业数字经济增加值占农业全行业经济增加值的比重为 8.9%，工业为 21%，服务业为 40.7%，可见数字经济在农业领域还存在着极大的发展空间。而据农业农村部发布的《2021 全国农业农村信息化发展水平评价报告》，2020 年全国农业生产数字化水平仍然较低，只有 22.5%，分区域来看，西部地区仅为 19.6%。从全国来看，种植业、设施栽培、畜禽养殖和水产养殖等农业生产过程中，数字技术的应用不足，依然主要依赖传统经验。主要产业的生产数字化程度较低，甘肃省近些年农业发展势头强劲，生产能力持续提升，但是在农业数字化转型方面发展空间仍然较大。

一、第一产业数字化转型有效助力乡村振兴

近年来，甘肃省围绕传统农业数字化改造升级和数字乡村等新型基础设施建设，不断推动数字"三农"建设，重要农产品保障能力持续提升，现代丝路寒旱农业加快发展，农产品品牌竞争力明显增强。

（一）农林牧渔业产值逐年稳步增长

2011 年以来，甘肃省农林牧渔业总产值呈逐年增长态势，2021 年实现 2 439.54 亿元产值，其较之 2011 年 999.69 亿元增长了 2.5 倍左右。农林牧渔服务业总产值及增加值同步逐年稳步增长，2011 年 14 个市州农林牧渔服务业总产值达 125.63 亿元，2021 年达到 161.69 亿元，增加 36.06 亿元。从产值结构来看，甘肃省农林牧渔总产值常年保持农业总产值大于牧业总产值大于林业总产值大于渔业总产值的结构。2021 年甘肃省农林牧渔业总产值约为 24 399.54 亿元，其中，农业总产值为 1 623.21 亿元，林业、牧业、渔业总产值分别为 619.85 亿元、32.82 亿元、1.96 亿元，对应占比分别为 66.54%、25.41%、1.34%、0.08%，可以看出农业在甘肃省的发展中一直以来是重中之重。从区域来看，2011 年有 8 个市州农林牧渔增加值在全省的比重中大于 8%，而 2021 年只有 6 个市州农林牧渔增加值在全省的比重大于 8%，随着一些市州的产值比重下降，省内产值极差开始拉大，区域内的农林牧渔业发展差距开始明显。如图 2 - 1 ~ 图 2 - 3 所示。

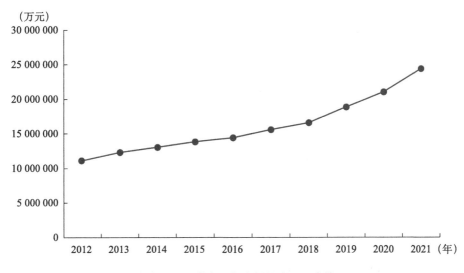

图 2-1 甘肃省历年农林牧渔业总产值

资料来源：历年《甘肃发展年鉴》。

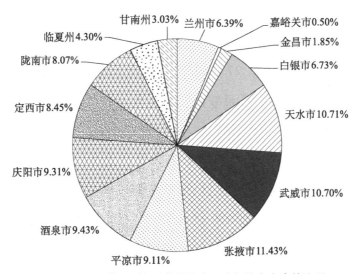

图 2-2 2011 年 14 市州农林牧渔业增加值在全省的比重

资料来源：历年《甘肃发展年鉴》。

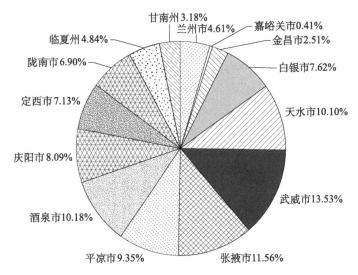

图 2-3 2021 年 14 市州农林牧渔业增加值在全省的比重

（二）特色优势农业快速发展①

全省农业产业结构深刻调整，种养结构进一步优化，2020 年全省畜牧业、种植业增加值比例为 26.27∶69.27，畜牧业较 2018 年增加了 4.47 个百分点；种养规模迅速扩大，质量效益明显提升，高原夏菜面积产量位居全国第一，苹果面积产量位居全国第二，马铃薯和中药材的面积产量以及肉羊存栏均位居全国第三，肉牛存栏位居全国第九。此外，油橄榄、食用菌、百合、花椒等一批区域性优势产业也已形成气候、渐成声势，催生了一批产业大县、加工强县，形成了一批 100 亿元至 500 亿元级的产业集群，走上了区域化布局、规模化种养、精深化加工、品牌化营销、科技化引领的现代农业发展路子，不仅为夺取脱贫攻坚战的全面胜利提供了坚实产业支撑，也为乡村振兴、农业产业转型升级奠定了良好基础。

从粮食总量来说，在一系列强农惠农富农政策的支持下，甘肃省实现了

---

① 资料来源：历年《甘肃发展年鉴》。

粮食总量的逐年稳步增加。从总量看，2011～2021 年甘肃省粮食总产量从 1 014.6 万吨增长至 1 231.5 万吨，平均年增速 2%，高于全国平均水平 1.7%。2022 年甘肃省粮食种植面积约 4 050 万亩，同比增长 34.86 万亩，增幅约 0.86%；产量约 1 265 万吨，同比增长 33.54 万吨，增幅约 2.72%，得益于单产水平的提升，产量同比增速较面积同比增速高 1.86 个百分点。2011～2022 年，甘肃省粮食产量如图 2-4 所示。

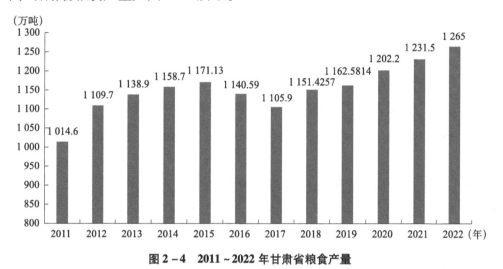

图 2-4　2011～2022 年甘肃省粮食产量

对于地区特色农业，就粮食来说，2022 年数据显示，甘肃省粮食种植面积超过 300 万亩的有定西市、庆阳市、天水市、平凉市、白银市、陇南市、张掖市，其中定西市种植粮食面积最大，超过 600 万亩；产量超过 100 万吨的有定西市、张掖市、庆阳市、天水市、武威市、平凉市，其中定西市粮食产量最高，超过 150 万吨。就蔬菜来说，2013 年以来，甘肃省蔬菜种植面积与产量均呈现波动增长态势，其中种植面积在 2022 年达到最高，为 681 万亩，产量于 2014 年开始超过 1 000 万吨，得益于种植面积的增加、单产水平的提升，2022 年蔬菜产量接近 1 800 万吨。武威市、天水市、兰州市是甘肃省蔬菜的主产区，2021 年甘肃省蔬菜种植面积超过 50 万亩的有天水市、兰州市、武威市、张掖市、庆阳市、酒泉市、陇南市，其中天水市和兰州市超过 90 万亩；产量超过 100 万吨的有武威市、天水市、兰州市、张掖市、酒泉市、白银市，其中武威市、天水市、兰州市超过 200 万吨。就水果来说，2013 年以来，甘肃省果园面积、产量整体呈现波动增长态势，2022 年甘肃省果园面积为 498 万亩，园林水果产量 575.4 万吨，较 2021 年增长了 6.7%，而甘肃省水果产量位列前三的品类分别为苹果、西瓜、甜瓜。就中药材来说，2019～2022 年，甘肃省中药材种植面积已连续四年超过 400 万亩，2018～2022 年，甘肃省中药材产量已连续五年超过 100 万吨，2022 年甘肃省中药材产量 137.5 万吨，较 2021 年增长了 6.04 万多吨，增幅约为 4.59%。2021 年甘肃省中药材种植面积超过 50 万亩的有定西市和陇南市，中药材产量超过 10 万吨的有定西市、陇南市、酒泉市、白银市，定西市以种植面积 135.8 万亩、产量 39.29 万吨成为甘肃省中药材第一大产地，在 2021 年甘肃省中药材总种植面积、总产量中的比重分别为 29.59%、29.89%。

（三）特色产区及品牌认证不断扩充

1. 7 个中国特色农产品优势区。农业农村部数据显示，全国共有 308 个"中国特色农产品优势区"，其中，甘肃省有 7 个，涉及党参、苹果、花椒、高原夏菜、当归、马铃薯等特色农产品。

2. 137 个全国农产品地理标志。截至 2023 年 5 月，全国累计认定了 3 510 个"全国农产品地理标志"。其中，甘肃省有 137 个，主要涉及粮食谷物（小米、小麦、荞麦）、薯类（马铃薯）、蔬菜（大蒜、洋葱、甘蓝、番茄、白菜、百合、芹菜、绿萝卜、胡萝卜、葱、西兰花、辣椒、韭菜、黄瓜、黄花菜、乌龙头）、水果（苹果、哈密瓜、甜瓜、西瓜、杏、桃、梨、樱桃、葡萄）、酿酒葡萄以及葡萄酒、坚果（核桃、白瓜子）、中药材（党参、半夏、大黄、当归、枸杞、柴胡、独活、连翘、锁阳、黄芪、红芪）、油料（胡麻籽、葵花籽、油橄榄）、香料（孜然、花椒、茴香）、花卉（牡丹、玫瑰）、茶（绿茶）、畜牧业（猪、牛、羊、蜂、马、马鹿、驴、鸡、鸡蛋）等农产品。

3. 9 个国家现代农业产业园。国家现代农业产业园名单由各省产业园所在地人民政府提出申请报送，再由国家现代农业产业园建设工作领导小组办公室进行备案审查，最后对名单进行公示。发展现代农业产业园是为了培育高素质现代农民、深化完善全市乡村振兴试验示范工作，涉及 16 个省份、多个产业。这些产业园产业特色鲜明、要素高度集聚、设施装备先进、生产方式绿色、经济效益显著、示范带动有力，是引领农业农村现代化的排头兵和乡村产业兴旺的领头羊。

截至 2023 年 5 月，全国共批准创建 326 个国家现代农业产业园，其中，甘肃省 9 个，主要涉及生猪、肉羊、苹果、蔬菜、玉米、马铃薯等农产品。

4. 118 个全国一村一品示范村镇。2011 年以来，全国累计认定了 12 批 4 182 个"全国一村一品示范村镇"，申报主体为行政村、行政镇、涉农产业发展好的社区或街道，申报的主导产业为特色种植、特色养殖、特色食品、特色文化（如传统手工技艺、民俗文化等）和新业态（如休闲旅游、民宿、电子商务等）的一个具体品类，且有较强的辐射带动和示范引领作用。其中，甘肃省"全国一村一品示范村镇"累计有 118 个。产品涉及水果、蔬菜、中药材、畜牧业。

5. 95 个全国名特优新农产品。截至 2023 年 5 月，全国累计有 4 960 个产品获得"全国名特优新农产品"认定，甘肃省有 95 个，主要涉及粮食谷物（小米、藜麦）、薯类（马铃薯）、豆类（红小豆）、蔬菜（大蒜、洋葱、甘蓝、番茄、百合、花椰菜、芹菜、莴笋、胡萝卜、辣椒、鹿角菜、南瓜）、食用菌（木耳、海鲜菇、黑木耳）、水果（苹果、西瓜、哈密瓜、杏、枣、桃、葡萄、人参果）、坚果干果（杏仁、核桃）、中药材（党参、大黄、枸杞、桔梗、羌活、菊粉、黄芪）、油料（胡麻籽）、香料（花椒）、花卉（玫瑰）、茶、畜牧产品（牛、羊、乳业）、水产品（鳖）等农产品。

6. 8 个全国农业文化遗产。农业文化遗产是指人类与其所处环境长期协同发展中创造并传承的独特农业生产系统。截至 2023 年 5 月，全国共有 524 个"全国农业文化遗产"，其中甘肃省有 9 个。

（四）人民生活水平明显改善

2011～2021 年，甘肃省 14 市州农村居民人均可支配收入稳步提升，由 2011 年的 4 779.44 元增长至 2021 年的 14 026.96 元，创造近三倍增长。11 年间增幅最大的地区为嘉峪关市，增长 15 421 元，其次是酒泉市 13 765 元，而增幅最小的临夏市也增加了 6 312 元。"十三五"期间也进一步夯实了贫困群众稳定增收的基础，建档立卡贫困人口人均纯收入达到 8 539 元，年均增长 22.2%。如图 2-5、图 2-6 所示。

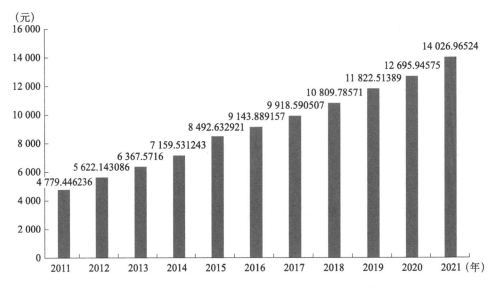

图 2-5　2011～2021 年甘肃省农村居民人均可支配收入

资料来源：历年《甘肃发展年鉴》。

二、农业生产中数字技术渗透率不断提升

（一）传统要素中技术因素不断强化[①]

就农用机械来说，"十三五"期间，甘肃省农机总动力达到 2 289.5 万千

---

① 　资料来源：历年《甘肃发展年鉴》。

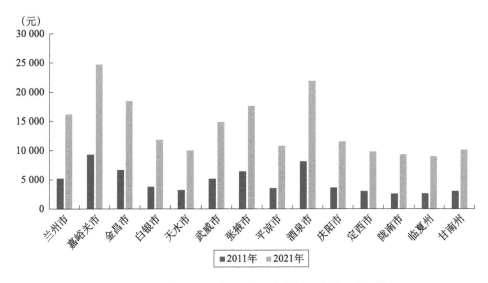

图 2-6　2011 年和 2021 年 14 市州农村居民人均可支配收入

资料来源：历年《甘肃发展年鉴》。

瓦时，2021 年甘肃省农用机械总动力达 2 384.8 万千瓦，较 2010 年的 1 977.6 万千瓦有显著提升（见图 2-7）；"十三五"期间主要农作物耕种收综合机械化率达到 61.9% 以上，2021 年全省机耕面积为 3 481.2 千公顷，机播面积为 2 093.4 千公顷，机收面积为 1 845.6 千公顷（见图 2-8）。大中型拖拉机等农用机械数均逐年增加，以大中型拖拉机为例，2010 年全省共有 73 200 台，2021 年已增加至 126 000 台（见图 2-9）。就能源使用来说，农业生产过程中电力使用量逐年增加，2021 年全省农村用电量 114 亿千瓦时，2010 年农村用电量仅为 42.9 亿千瓦时；柴油及农药使用量有逐渐下降趋势（见表 2-1）。综上所述，全省农业现代化水平并不高，机械化程度在逐年提升。"十四五"期间将进一步巩固，到 2025 年，要实现农业支撑条件显著改善，农业机械总动力达到 2 600 万千瓦，主要农作物耕种收综合机械化率达到 70%。

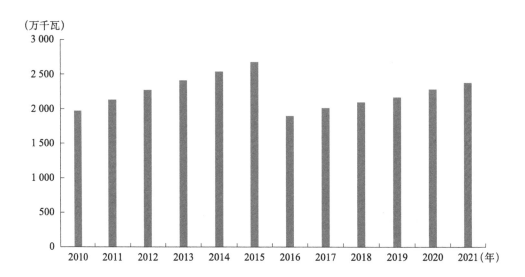

图2-7　2010~2021年甘肃省农用机械总动力

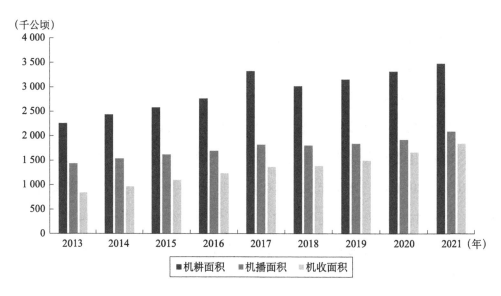

图2-8　2013~2021年甘肃省农业生产机器使用面积

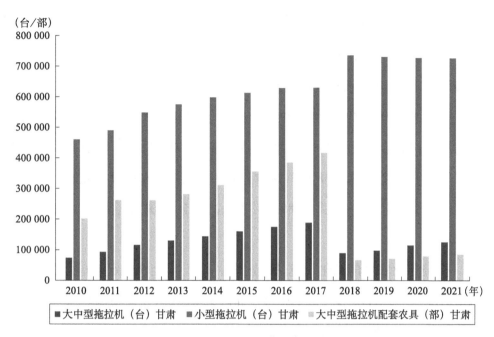

（台/部）

图 2-9 2010~2021 年甘肃省农业机械使用量

表 2-1 2010~2021 年甘肃省农村主要能源使用量

项目	2010 年	2011 年	2012 年	2013 年	2014 年	2015 年
农村用电量（亿千瓦时）	42.9	45.1	47.8	50.4	51.3	54
农用柴油使用量（万吨）	29	29.6	33.1	34.4	38.6	42.7
农药使用量（吨）	44 565	68 413	73 748	77 760	77 832	78 848
项目	2016 年	2017 年	2018 年	2019 年	2020 年	2021 年
农村用电量（亿千瓦时）	54.2	55.9	59.1	61.7	65.8	114
农用柴油使用量（万吨）	44.2	45.5	40.8	39.1	36.1	36
农药使用量（吨）	69 915	51 995	42 864	41 938	40 312	28 107

（二）农业生产信息化水平不断提高

1. 高标准农田建设稳步推进。"十三五"期间全省划定粮食生产功能区
2 091 万亩，累计新建高标准农田 1 700 万亩，《甘肃省"十四五"推进农业

农村现代化规划》指出，到 2025 年，农业科技贡献率达到 60%，新建高标准农田 1 050 万亩，累计建成 2 750 万亩旱涝保收、高产稳产高标准农田，确保全省每年新增高效节水灌溉面积 100 万亩以上，高效节水灌溉面积达到 1 500 万亩，农田灌溉水有效利用系数达到 0.59。

2. 农业农村信息化发展水平逐步提升。2021 年 12 月，农业农村部市场与信息化司联合农业农村部信息中心发布《2021 全国县域农业农村信息化发展水平评价报告》，报告中甘肃省应用信息技术实现行政村"三务"综合公开水平上榜，甘肃（89.7%）远高于全国综合公开平均水平（72.1%）。

3. 推进农业农村信息化示范基地建设。2021 年全国认定 106 个农业农村信息化示范基地，甘肃有两家生产型示范单位入选：兰州新区现代农业投资集团有限公司和庆阳海越农业有限公司。

（三）数字农业服务平台建设快速发展

1. "云上乡村"甘肃数字农业服务平台。自 2021 年"云上乡村"甘肃数字农业服务平台先后在甘肃省古浪、康乐等地落地，由其官网数据可知，截至 2022 年 7 月，已在平台认证农户 19.2 万人，注册养殖总数为 345.71 万只，养殖总产值为 582 387.88 万元，上线种植亩数为 144.99 万亩，种植总产值 378 051.82 万元，服务村 951 个、服务乡镇 159 个、加工企业 530 家、企业 9 家。其中，古浪县于 2021 年 6 月率先在全省建设"云上乡村"，以羊产业为先驱，以羊交易为抓手，通过数字农业形成拳头力量，统筹产销、集采集配，树品牌、强产业、富农民，上线产业规模 16.6 亿元，成功实现了种植以及养殖前、中、后三个阶段的供需匹配，实现了按市场需求种植、养殖和销售，确保销售价格平稳，保证农户利益。"云上乡村"数字农业服务平台，经过近些年的建设、发展、实践、运营管理，形成了一套良性互动的运营发展模式，同时着重从产业端、政务端双向发力。

2. 数字临洮2.0——线上社会化公共服务平台。2021年12月16日，《小康》杂志发布"2021中国数字治理百佳县市排行榜"，临洮县是甘肃省唯一上榜的县域。近年来，临洮县立足县情实际，针对农业生产组织化程度低、农资进村难、产品进城难等一系列资源农民生产难题，探索开启了一场乡村"数字实验"。2019年9月，临洮县与阿里巴巴集团乡村事业部深度合作，在全县范围内启动了临洮2.0三位一体为民便民合作服务平台，为利用数字化推动农村产业发展对农村的有效治理探索出了新的路径和方式。（1）运用"互联网＋"思维，搭建数字化服务平台。临洮县运用"互联网＋"、大数据、支付宝等新技术和国家政策导向，结合农村产业发展"三位一体"改革，引入了阿里巴巴、云天化集团、农商银行、邮政储蓄银行、农业银行等市场主体，依托阿里巴巴钉钉系统搭建了数字化服务平台，上线了农资直供、在线教育、网商银行等服务功能，打造了集农业生产、教育医疗、金融服务、基层组织、政务服务、法律咨询等于一体的线上组织体系和农资配送、上门服务等线下服务体系，为广大人民群众提供智能科学、便捷高效的优质服务，实现了农民"手机变农具、上网变农活、数据变农资"。（2）成立"甘味"农产品临洮网货中心。2021年4月，经甘肃省农业农村厅认定，阿里数字乡村临洮产地仓正式挂牌成立了"甘味"农产品临洮网货中心，共吸引23家县内优质农特产品生产、加工企业，390多家优质网络店铺企业入驻，整合筛选"临洮珍好""甘味"入仓产品六大类，SKU（产品售卖规格）单位达到190多个。其中，"甘味"品牌产品40余种，申报纳入"甘味"的临洮县内品牌企业4家，整合品牌快递企业4家，日均发单量达4 000单左右，总发单能力可达到1万单左右。（3）数字化手段解决农村产业发展难题。定西市乡村振兴局2023年4月18日发布的《临洮打造"数字供销"助力乡村产业振兴》中显示，"数字临洮——'三位一体'为民便民合作服务平台"推行"线下引进＋线上集单"模式，在平台上架云天化、史丹利、德华饲料等国内知名农资品牌企业优质产品，通过"农户在线选单——村级供销社集中下单——供销联盟企业集中配送"流程，实现农资直供直销，累计为 3.2 万余户群众配送农资 8.5 万吨、节约生产成本 2 000 多万元；累计上线测土配肥、科学种养等各类农技课件 1 123 个，发布灾害预防、产品供需、市场行情等各类农业服务信息 1.2 万条，让科学种地成为新时尚；通过农户申请、入户调查、评级授信等程序，结合平台数据分析，建立农户金融信用体系，目前已实现 323 个行政村评级授信全覆盖，累计完成授信农户 10 320 户、授信金额 8 亿元，用信金额 16.25 亿元。

三、数字乡村建设深入推进

（一）数字乡村指数存在区域差距

北京大学新农村发展研究院联合阿里研究院发布的《县域数字乡村指数（2018）》将数字乡村定义为以物联网、云计算、大数据和一定给互联网等新兴信息技术为依托，促进数字化与农业农村农民的生产和生活各领域全面深度融合，以乡村经济社会数字化转型助推乡村振兴的创新发展新形态。该报告基于数据可得性对县域数字乡村发展现状进行了评估（见表 2 - 2），报告中所属甘肃的县域共 69 个，数字乡村指数最高的为陇南市康县，其次为陇南市两当县，并且陇南市各县域的数字乡村指数整体较高。在数字乡村具体指标中，数字金融基础设施指数最高，均在 90 以上；其次是数字基础设施指数，平均值为 74，最高值也是突破了 90，达到了 98.59（敦煌市）；其余三项乡村经济数字化、乡村治理数字化指数、乡村生活数字化指数均较低。

表 2-2　　　　　　　　　　**2018 年甘肃省部分县域数字乡村指数**

地县	市州	数字金融基础设施	数字基础设施指数	乡村经济数字化	乡村治理数字化指数	乡村生活数字化指数	数字乡村指数
榆中县	兰州市	94.76	85.12	49.15	19.69	50.84	55.06
永登县	兰州市	94.52	82.26	42.96	31.59	44.63	52.30
皋兰县	兰州市	94.37	80.70	38.78	29.27	39.33	48.87
敦煌市	酒泉市	96.47	98.59	48.25	42.72	75.96	66.33
瓜州县	酒泉市	94.41	87.57	24.64	52.30	40.80	48.57
金塔县	酒泉市	94.44	78.91	32.17	28.52	36.42	45.09
玉门市	酒泉市	94.97	67.70	31.98	46.50	29.51	43.19
两当县	陇南市	93.50	84.23	35.95	82.55	49.63	58.11
西和县	陇南市	91.75	75.01	39.73	77.62	44.82	55.53
成县	陇南市	92.98	82.89	32.26	71.60	51.61	55.11
康县	陇南市	91.70	75.53	51.30	74.27	46.19	60.09
徽县	陇南市	92.63	80.59	27.63	73.31	52.93	53.13
礼县	陇南市	91.64	69.03	34.83	72.35	42.26	50.73
文县	陇南市	92.63	69.42	32.15	74.27	44.74	50.50
宕昌县	陇南市	92.30	71.09	31.80	71.61	40.44	49.62
景泰县	白银市	93.78	78.94	33.14	22.11	50.93	47.34
靖远县	白银市	92.55	75.19	39.51	29.02	40.61	47.88
渭源县	定西市	91.45	66.65	36.35	22.17	37.50	42.77
通渭县	定西市	90.97	61.62	34.96	19.09	35.57	40.05
岷县	定西市	91.16	69.20	33.80	28.83	37.45	43.36
漳县	定西市	91.17	71.18	35.74	27.39	42.74	45.47
陇西县	定西市	93.02	71.73	33.98	36.23	45.38	46.66
临洮县	定西市	92.26	76.55	35.03	31.96	42.60	47.25
环县	庆阳市	92.78	77.21	35.43	35.37	41.09	47.78
庆城县	庆阳市	93.43	73.64	42.18	21.92	40.02	47.43
肃南裕固族自治县	张掖市	95.04	48.67	27.93	28.47	36.16	35.17

续表

地县	市州	数字金融基础设施	数字基础设施指数	乡村经济数字化	乡村治理数字化指数	乡村生活数字化指数	数字乡村指数
临泽县	张掖市	94.27	71.57	31.65	10.65	38.71	40.83
民乐县	张掖市	92.74	80.60	37.71	31.13	37.27	48.28
山丹县	张掖市	94.01	83.59	38.69	7.98	41.98	47.14
高台县	张掖市	94.04	79.82	29.20	38.05	43.49	46.82
永昌县	金昌市	93.43	71.84	36.41	30.80	44.74	46.78
崇信县	平凉市	93.26	77.71	39.51	14.56	41.10	46.63
合水县	庆阳市	92.75	70.76	36.65	29.23	42.62	45.96
华池县	庆阳市	93.12	82.35	36.59	18.14	29.73	45.06
正宁县	庆阳市	92.59	63.28	43.30	27.74	35.82	45.09
宁县	庆阳市	91.53	63.52	39.18	25.44	30.58	42.19
镇原县	庆阳市	91.14	67.44	33.15	12.96	27.33	38.48
清水县	天水市	91.38	70.51	38.31	10.40	38.29	43.09
甘谷县	天水市	91.34	69.36	35.52	20.53	36.85	42.81
秦安县	天水市	91.71	66.73	36.55	33.80	35.97	44.20

资料来源：根据《县域数字乡村指数（2018）》整理。

（二）农村数字经济基础设施建设速度较快①

支撑农业数字化转型的基础设施存在短板，弱化了农业数字化的转型基础。农业数字化基础设施主要包括信息基础设施和物理基础设施的数字化改造两个方面。就甘肃来看，农业农村数字化基础设施建设并未显著落后于全国水平，目前全省已通邮的行政村比重已达到100%，开通互联网宽带业务的行政村比重也在快速上升，由2010年的46%上升至2016年的93%。2021年末，甘肃省农村宽带接入用户为363.98万户（见图2-10），农村居民平

---

① 资料来源：2011～2022年历年《甘肃发展年鉴》。

均每百户年末移动电话拥有量303.4部，高于全国平均水平（266.6部）（见图2-11），农村每百户拥有彩色电视109.62台（见图2-12）。

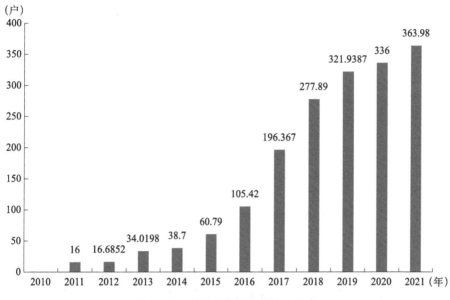

图2-10 甘肃省农村宽带接入用户

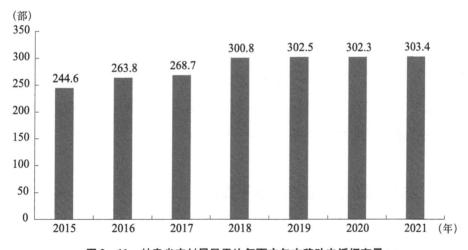

图2-11 甘肃省农村居民平均每百户年末移动电话拥有量

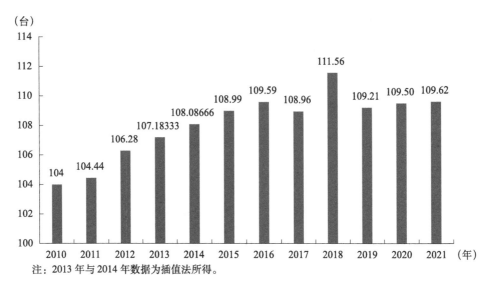

注：2013年与2014年数据为插值法所得。

图2-12 甘肃省农村每百户拥有彩色电视数

第二节 工业数字技术应用深入推进

工业是甘肃实体经济最为重要的组成部分，推动传统工业产业数字化，促进工业经济迭代升级，提质增效，已成为"产业兴省、工业强省"的必由之路。近年来甘肃省工业企业积极运用新技术、新业态、新模式，大力改造提升传统产业，工业数字化正在稳中有序进行。

一、数字化助力工业发展水平提升①

（一）甘肃工业数字化进程缓慢

甘肃省各市州工业数字化发展稳步提升。从总量来看（见图2-13），甘

_____

① 资料来源：历年《甘肃发展年鉴》。

肃省工业增加值由 2011 年的 1 947.2 亿元增加至 2022 年的 3 297.2 亿元，增幅达 1.69 倍，但增速较慢，在 GDP 中的占比也不断降低，从 2011 年的 40.42% 下降至 2022 年的 29.44%。这表明甘肃省工业企业在数字化应用方面还存在较大差距，一些企业还处于传统工业生产模式，缺乏数字化技术的支持。企业在数字化技术应用方面的意识和能力也相对较低，导致数字化转型的进程相对较慢。分地区看（见表 2－3），兰州市和庆阳市的工业数字化水平在全省处于领先地位，工业增加值分别由 2011 年的 98.18 亿元、70.17 亿元增加至 2021 年的 159.14 亿元、87.14 亿元，其中，工业数字化发展在庆阳地区生产总值中占较大比重，而在兰州地区生产总值中的占比较低（见图 2－14），说明工业数字化尚未成为兰州经济发展的主体。截至 2022 年，甘肃省工业数字化规模超过 50 亿元的有兰州、金昌、酒泉和庆阳，而甘南州和临夏州受制于发展基础和产业结构等，工业数字化水平始终偏低。

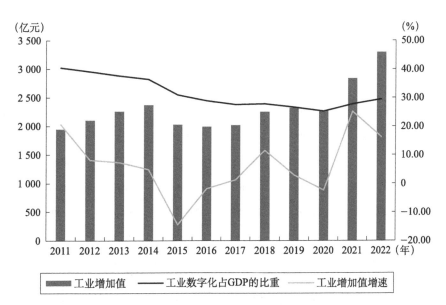

图 2－13　甘肃省工业数字化规模及占 GDP 比重

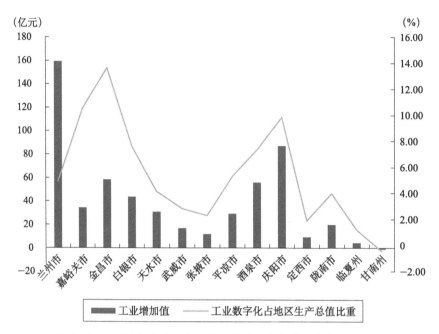

图 2-14　2021 年甘肃省各市州工业数字化占地区生产总值比重

表 2-3　　　　　　　　　　　　　甘肃各市州工业增加值　　　　　　　　　　单位：亿元

年份	兰州市	嘉峪关	金昌市	白银市	天水市	武威市	张掖市
2011	98.18	43.56	11.50	40.68	21.78	20.53	16.36
2012	65.17	26.33	-0.93	27.82	13.86	28.07	3.74
2013	52.03	-50.00	-4.20	0.27	5.49	10.36	13.01
2014	-20.18	-9.59	-16.23	-33.14	10.86	0.29	-3.31
2015	-59.23	-54.77	-41.30	-35.29	-5.63	-22.31	-12.52
2016	-8.21	-48.83	-28.65	-19.25	0.36	14.90	-2.08
2017	80.31	48.65	7.26	-4.69	-4.01	-46.41	-14.93
2018	39.34	73.10	29.05	35.02	6.60	0.49	-9.25
2019	103.51	-0.72	88.14	-6.28	-15.79	-19.79	4.13
2020	-22.52	2.29	7.17	-14.55	0.25	8.74	1.32
2021	159.14	34.29	58.39	43.57	31.01	16.88	12.05
年份	平凉市	酒泉市	庆阳市	定西市	陇南市	临夏州	甘南州
2011	20.49	36.97	70.17	8.62	9.94	6.23	4.01

续表

年份	平凉市	酒泉市	庆阳市	定西市	陇南市	临夏州	甘南州
2012	16.49	48.72	37.63	5.37	5.81	4.52	5.08
2013	-11.23	26.89	44.69	1.43	2.95	-3.26	2.20
2014	-25.88	-56.25	30.52	2.40	-8.40	2.45	-0.63
2015	-31.26	-95.13	-84.18	-6.14	1.45	-6.08	-7.84
2016	-8.38	-3.37	-37.08	7.14	-1.35	0.31	0.94
2017	2.35	-15.31	-4.25	-0.69	-4.43	-4.03	-2.55
2018	5.80	7.68	72.89	0.29	2.62	4.81	2.83
2019	36.63	98.44	23.27	-8.64	47.15	2.17	8.28
2020	-8.30	18.40	-17.87	1.56	-3.28	0.03	-4.04
2021	29.37	56.02	87.14	9.51	20.01	4.51	-1.02

（二）支柱工业数字化转型能力较弱

从总量看（见表 2-4），2011～2021 年，石化工业、有色工业、电力工业和食品工业增加值均呈现稳步提升的发展态势，分别由 2011 年的 560.08 亿元、265.93 亿元、214.69 亿元和 171.32 亿元增加至 2021 年的 677.12 亿元、286.68 亿元、332.88 亿元和 199.38 亿元，其中电力工业的增速最快。冶金工业、机械工业和煤炭工业增加值呈下降趋势，分别由 2011 年的 210.7 亿元、107.83 亿元和 125.78 亿元降至 2021 年的 88.22 亿元、85.70 亿元和 85.88 亿元，其中冶金工业的降幅最大。这表明工业数字化与产业基础、产业标准化水平显著正相关，诸如冶金、煤炭等传统产业标准化水平低，数字技术应用难度大，难以把握数字经济带来的发展机遇，在数字化加速发展的背景下处于劣势地位。分产业看，电力工业的单位数占比最高，为 29.17%，食品工业为 28.33%，这两大工业的单位数量占比超过 50%，成为拉动甘肃经济发展的中坚力量。此外，各支柱产业数字化在甘肃 GDP 中的贡献均呈下降趋势（见表 2-5），其中冶金工业、机械工业和煤炭工业的降幅较大，分别为80.28%、62.56%和67.84%，表明数字化的推进使传统产业的利润空间不断压缩，甘肃省应加快产业转型升级的步伐。

表2－4　　　　　　　　　　　甘肃各支柱产业增加值　　　　　　　　　　单位：亿元

年份	石化工业	有色工业	电力工业	冶金工业	机械工业	食品工业	煤炭工业
2011	560.08	265.93	214.69	210.7	107.83	171.32	125.78
2012	559.9	316.14	167.52	191.25	123.92	217.5	166.51
2013	543.3	330.2	178.8	193.3	147.5	246.1	150.5
2014	639.9	301.1	205.3	164	146.5	255.1	109.2
2015	506.64	223.96	221.31	73.66	96.36	242.42	82.78
2016	528.2	194.9	206.4	29	87.2	214.56	85.2
2017	588.72	200.99	222.51	69.29	64.72	186.42	71.72
2018	591.19	224.10	251.81	79.65	65.40	187.99	67.67
2019	607.75	245.46	267.78	85.45	68.01	193.70	70.78
2020	638.25	255.35	299.06	92.76	78.64	192.73	71.83
2021	677.12	286.68	332.88	88.22	85.70	199.38	85.88

表2－5　　　　　　　甘肃支柱产业数字化在甘肃GDP中的占比　　　　　　单位：%

年份	石化工业	有色工业	电力工业	冶金工业	机械工业	食品工业	煤炭工业
2011	11.63	5.52	4.46	4.37	2.24	3.56	2.61
2012	10.38	5.86	3.11	3.55	2.30	4.03	3.09
2013	9.03	5.49	2.97	3.21	2.45	4.09	2.50
2014	9.82	4.62	3.15	2.52	2.25	3.91	1.68
2015	7.73	3.42	3.38	1.12	1.47	3.70	1.26
2016	7.65	2.82	2.99	0.42	1.26	3.11	1.23
2017	8.02	2.74	3.03	0.94	0.88	2.54	0.98
2018	7.29	2.77	3.11	0.98	0.81	2.32	0.83
2019	6.97	2.82	3.07	0.98	0.78	2.22	0.81
2020	7.11	2.84	3.33	1.03	0.88	2.15	0.80
2021	6.62	2.80	3.26	0.86	0.84	1.95	0.84

二、数字技术应用促进工业企业转型升级

（一）工业企业数字基础设施稳步部署

1. 5G 网络基础设施有序推进。依托甘肃移动、飞天网景、甘肃联通分别成立 5G 产业联盟、物联网产业创新联盟和物联网研究院，甘肃联通和宝方炭材联合开展"5G＋工业制造联合实验室"建设，甘肃移动与甘肃建投矿业、中国科学院西北生态环境资源研究院共同成立"绿色智慧矿山联合实验室"，甘肃中医药大学启动"5G＋远程医疗实验室"建设，有效推进甘肃省 5G 行业应用的标准制定、技术研发、测试验证和体系构建。截至 2023 年上半年，甘肃省已建设 5G 基站超 2.4 万座，实现了 5G 网络乡镇以上 100% 覆盖、产业园区和种植养殖区 100% 覆盖，推动 5G 等新一代信息技术渗透至实体经济生产全过程。5G 的传输能力可以助力甘肃工业设计和生产线数据分析等环节，还能够通过支持工业机器人、自动化控制等应用场景，全面保障生产流程控制的准确与高效。目前，鹏博士兰州 5G 大数据产业园已完成项目签约；全志电子基于 5G 的小型微型 PLC 研发成功，成为我国第一个自主研发的 PLC 工控器件，并纳入华为生态链；长飞光纤通过改造光纤光缆生产线，开发适配于 5G 网络的光模块，为开展 5G 行业应用提供保障；中电万维、北科维拓等企业积极围绕 5G 在电子装备制造、物联网、小型 PLC、高速光纤等方面研发创新产品。但受制于发展水平、发展成本等因素，5G 在甘肃工业领域的融合应用尚处在发展初期，有望在未来覆盖更广泛的行业和领域，在推动甘肃产业数字化转型中迸发出蓬勃力量。

2. 工业互联网发展初具规模。甘肃移动充分发挥网络优势，建成区块链服务网络（BSN），并通过"移动云"覆盖全省 14 个市州，同时为北京、南京、武汉、重庆等省外城市提供服务。甘肃每百人使用计算机数由 2013 年的

16台增加至2021年的29台，工业互联网应用几乎覆盖工业各行业、各价值环节，与实体经济的融合赋能初显成效。从行业领域看，甘肃省利用5G网络、NB－IoT（窄带物联网）、TSN（时间敏感网络）、PON（工业无源光网络）等技术改造企业现有网络，夯实工业互联网发展基础，强化新型工业智能网关、专业边缘计算数据模型等设备在内网关键环节的部署和应用，实现操作人员、生产装备、信息采集设备、生产管理系统等生产要素的广泛互联。此外，甘肃省还加快推动"5G＋工业互联网"的融合应用，以装备制造、有色冶金、石油化工等特色优势产业领域为重点，引导兰石集团、兰州电机等企业开展"5G＋工业数据采集应用""5G＋工业远程生产监控""5G＋工业VR/AR应用""5G＋工业协同制造"等工业场景建设。从价值环节看，生产过程管控、设备资产管理是最主要的应用，降本增效成效显著。

（二）技术创新持续赋能[①]

1. 工业企业创新投入水平逐渐提高。在研究与试验发展的经费投入方面，2021年，甘肃省共投入R&D经费133.426亿元，同比增长16.47%，增速较2020年增加15.34个百分点，提升幅度创造近11年来新高，占甘肃GDP比重达1.30%。其中，规模以上工业企业R&D经费投入由2011年的25.79亿元增加至2021年的64.29亿元（见图2－15），增幅达2.49倍，R&D经费的增速经历了先下降再上升的发展趋势。可见，随着产业数字化进程的加速与实体产业发展水平的提升，甘肃愈发重视研发投入在企业发展中的作用。在研究与试验发展的人员投入方面，2021年，甘肃省共投入R&D人员全时当量33 255人年，同比增长24.02%，较2020年提高20.72个百分点。其中，规模以上工业企业R&D人员投入全时当量由2011年的9 307人年增加至2021年的12 547人年（见图2－16），增幅达1.35倍。R&D人员

---

① 资料来源：历年《甘肃发展年鉴》。

全时当量的变化在2012～2018年呈现波动下降的趋势，说明受经济发展水平与发展环境的影响，甘肃省人才大量外流，但自2019年起，这一局面得以扭转，R&D人员全时当量呈现出快速增加的发展态势。

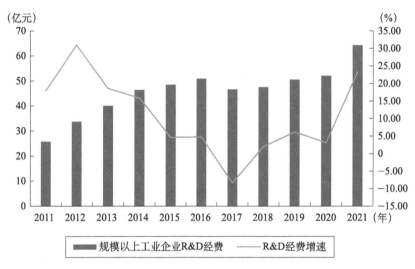

图2-15　甘肃规模以上工业企业 R&D 经费投入

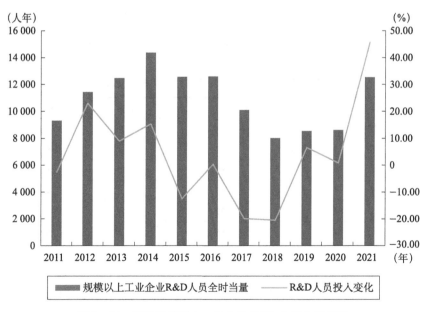

图2-16　甘肃规模以上工业企业 R&D 人员全时当量

2. 工业企业创新投入水平伴随市州经济发展水平。不同市州的经济发展水平和产业结构存在较大差异，这直接影响创新投入的规模和能力。在经济发展水平方面，兰州市、天水市等经济相对发达的市州由于有更多的资金和资源，更有可能进行大规模的创新投入；而临夏回族自治州、甘南藏族自治州等经济相对落后的市州在创新投入方面相对有限。在产业结构方面，兰州市、天水市等地具有较多的高科技产业和创新型企业，更有可能进行更大规模的创新投入；而庆阳市、甘南藏族自治州等以传统产业为主，在创新投入方面可能相对滞后。由表 2-6 可知，兰州市 R&D 方面的投入显著高于甘肃其他市州水平，甘肃省创新投入的区域差距较大。兰州（31 347 人）、金昌（2 807 人）、白银（2 052 人）、天水（3 729 人）、张掖（2 122 人）、酒泉（4 190 人）和庆阳（2 047 人）7 个市州的 R&D 人员投入较多，超过了2 000 人，而仅有兰州（70.83 亿元）、酒泉（15.07 亿元）2 个市州的 R&D 经费支出超过 10 亿元。可见，甘肃省 14 个市州在创新投入方面存在差距。为了缩小这种差距，需要加大政府的政策支持力度，提供更多的资金和资源，鼓励企业加大对创新的投入。各市州之间可以加强合作与交流，在资源共享和经验借鉴方面互相支持，推动整个甘肃省的创新发展。

表 2-6　　　　2021 年甘肃各市州规模以上工业企业 R&D 投入情况

市州	R&D 人员（人）	R&D 经费内部支出（亿元）
兰州市	31 347	70.83
嘉峪关市	1 670	8.85
金昌市	2 807	4.17
白银市	2 052	4.48
天水市	3 729	9.64
武威市	1 860	3.50
张掖市	2 122	4.47
平凉市	932	0.88
酒泉市	4 190	15.07
庆阳市	2 047	3.55
定西市	1 254	2.81
陇南市	552	0.69

市州	R&D 人员（人）	R&D 经费内部支出（亿元）
临夏州	292	0.46
甘南州	213	0.07

3. 工业企业技术改造进程缓慢。在技术改造投入方面，近年来甘肃省加大了对技术改造的投资力度，但总体水平相对较低，在一定程度上限制了甘肃省技术水平和产业竞争力的提升。甘肃省规模以上工业企业技术改造经费支出由 2011 年的 419 642 万元增加至 2021 年的 652 395 万元，增幅达 1.55 倍（见图 2 - 17）。2012 年，受非经济因素影响，甘肃省规模以上工业企业技术改造经费支出的增长率达到近年来最高，自此呈现出波动下降的发展趋势。在技术创新能力方面，甘肃省的技术创新能力相对较弱。尽管甘肃省在一些领域有一些技术创新成果，但总体来说缺乏有核心竞争力的技术创新。企业的研发能力和创新环境有待进一步提升，缺乏创新型企业和高水平人才。在技术改造应用方面，甘肃省技术改造的应用程度相对较低。一些企业和产业主要还是依赖传统的生产方式和设备，缺乏全面应用新技术、新设备的意识和能力。虽然政府鼓励技术改造和设备更新，但由于经济发展水平相对较低，企业对技术改造的积极性不高。可见，甘肃省技术改造发展现状相对滞后，需要加大对技术改造的投入，提高技术创新能力，促进技术改造的应用，加强政策支持等方面的努力。同时，还需要加强与其他地区的技术交流与合作，吸引更多的科技资源，提升甘肃省的技术改造发展水平。

4. 工业企业技术引进壁垒较高。甘肃省技术引进以企业为主，通过引进技术和设备，提高生产力和竞争力。技术引进主要涵盖能源、制造业等多个领域。在能源方面，甘肃省引进了新能源发电、储能、输配等技术；在制造业方面，甘肃省引进了先进的制造和加工技术。但甘肃省技术引进面临严重的壁垒，近年来，甘肃省规模以上工业企业技术改造经费支出总体呈现下降的发展态势（见图 2 - 18），由 2011 年的 53 317 万元下降至 2021 年的 6 万元，可见甘

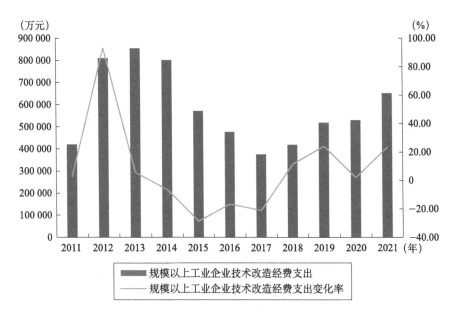

图2-17　甘肃规模以上工业企业技术改造经费支出情况

肃存在技术引进壁垒，严重制约了甘肃工业企业技术水平的升级改造。

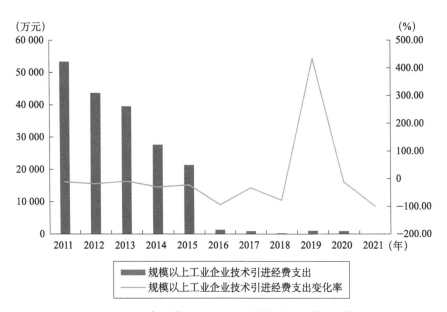

图2-18　甘肃规模以上工业企业技术引进经费支出情况

5. 工业企业新产品研发总体水平较低。在研发投入方面，甘肃省近年来加大了对新产品研发的支持力度，规模以上工业企业新产品研发经费由2011年

的 27.40 亿元增加至 2021 年的 54.08 亿元，增幅达 1.97 倍（见图 2 - 19），但
总体来说，规模以上工业企业在新产品研发方面的投入相对较低。相比于发达
地区，甘肃省的企业在研发投入上仍然存在一定的差距，这限制了企业在新产
品研发方面的实力与竞争力。在创新能力方面，甘肃省规模以上工业企业的创
新能力相对较弱。企业在技术创新、工艺创新和产品创新等方面的能力有待提
升。缺乏创新型企业和高水平科研人才，企业在新产品研发的核心技术和核心
竞争力方面存在一定的短板。

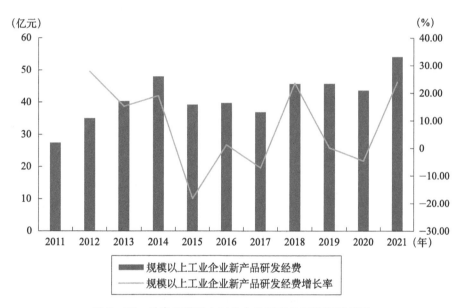

图 2 - 19　甘肃规模以上工业企业新产品研发经费情况

6. 工业企业新产品销售收入对工业产值的贡献有限。甘肃省规模以上工
业企业新产品销售收入呈现出先上升—后下降—再上升的发展态势，截至
2021 年，规模以上工业企业新产品销售收入达到 766.27 亿元，同比增长
32.57%，较 2020 年提高 27.98 个百分点。相较于发达地区，甘肃省规模以
上工业企业新产品销售收入在工业增加值中所占比重较小，且贡献程度不稳
定（见图 2 - 20）。这主要是由于甘肃省的市场需求相对有限，特别是对于高
附加值和创新性较强的新产品需求较少。部分新产品可能因为市场认知度不

高、价格较高或竞争力不够强等，面临销售困难的局面。因此，优化产品结构与市场需求的匹配度仍然是一个亟待解决的问题。此外，甘肃省规模以上工业企业新产品的销售渠道较为有限。一些企业将销售重点放在本地市场上，缺乏广泛的销售网络。与此同时，利用电商等新兴渠道拓展新产品销售范围的能力有待提高。可见，甘肃省规模以上工业企业在新产品销售方面仍面临挑战，需要加大对市场需求的研究和了解，巧妙选择销售渠道和网络，优化营销策略，提高产品的市场竞争力和市场份额。同时，政府和企业也应加大对创新型企业和新产品的支持力度，提供相应的政策扶持和市场引导，促进新产品的销售和推广。

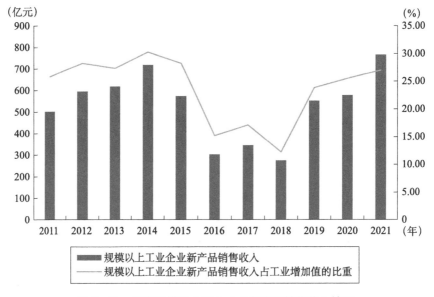

图 2-20　甘肃规模以上工业企业新产品销售收入情况

（三）传统要素投入逐渐减少①

1. 工业投资支撑作用凸显。甘肃省在工业数字化转型过程中进行了产业

———————————

① 资料来源：历年《甘肃发展年鉴》。

结构的调整。传统产业向高新技术产业和数字经济转型，会伴随着固定资产投资的结构性变化。高新技术产业和数字经济的发展需要更多的资金用于研发和数字化设备的投资，而对传统产业的固定资产投资则相对较少。从总体规模看，甘肃省资产总额增加值在 2011～2013 年呈扩大趋势，在 2014～2020 年则不断缩小，甚至出现负值，而 2021 年又迅速扩大（见图 2 - 21），说明数字化下甘肃工业投资支撑作用不断凸显，新动能带动作用逐渐增强。分地区看，甘肃省各地市的经济发展水平和地域差异也会对固定资产投资产生影响。经济相对发达的兰州市等地，数字化转型的需求更加旺盛，固定资产投资规模较大。而经济相对落后的市州，由于经济基础较薄弱，固定资产投资较少。分行业看，2011～2021 年，甘肃省七大支柱工业固定资产投资额呈现出不同程度的下降（见表 2 - 7），说明固定资产在各传统产业中的投资有效，且支撑作用较强。

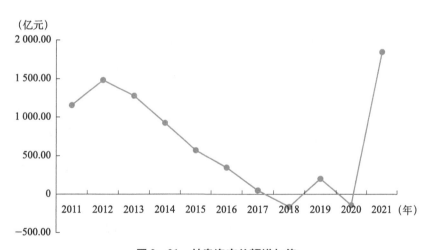

图 2 - 21　甘肃资产总额增加值

表 2 - 7　　　　　　甘肃省各市州支柱产业年末资产总额增加值　　　　　单位：亿元

年份	石化工业	有色工业	电力工业	冶金工业	机械工业	食品工业	煤炭工业
2011	153.44	306.43	190.79	325.75	9.23	-22.11	88.28
2012	223.56	386.87	177.08	162.37	62.55	156.35	64.08

续表

年份	石化工业	有色工业	电力工业	冶金工业	机械工业	食品工业	煤炭工业
2013	114.07	286.31	273.97	198.87	103.21	89.42	46.02
2014	80.34	34.20	330.46	78.86	134.54	71.27	26.86
2015	-195.18	388.00	230.97	-271.09	81.02	77.35	112.01
2016	29.04	-26.66	214.94	-34.47	122.48	23.16	-30.72
2017	26.02	-71.98	186.61	10.28	-87.13	-112.69	-82.68
2018	-15.56	74.87	-127.01	24.59	35.56	-16.29	-11.18
2019	23.12	-469.08	206.51	-27.39	16.12	-58.55	57.69
2020	-10.88	27.71	58.64	-643.67	1.05	26.30	64.17
2021	256.89	174.34	383.25	9.32	188.66	64.96	154.52

2. 数字化推动就业升级。在甘肃工业数字化发展进程中，规模以上工业企业平均用工人数整体呈现下降趋势（见图2－22），由2011年的59.84万人减少至2021年的48.56万人；工业企业就业人数增速也呈现出波动下降的发展趋势。主要有以下原因：（1）生产自动化程度提高。随着工业数字化的推进，许多企业引入了自动化设备和机器人来替代传统的人工操作。自动化设备的使用大大提高了生产效率，并降低了对人力资源的需求。因此，平均用工人数可能会有所下降。（2）技术水平提升。工业数字化的转型也需要企业拥有一定的技术实力和技术人才。在数字化转型过程中，企业需要培养和吸纳更多的高技能人才来应对技术的应用与管理，导致企业用工人数的持平或略微增加。（3）产业结构调整。随着甘肃省工业结构的调整，传统产业向高新技术产业的转型，可能会增加对高技能劳动力的需求，而减少对一般劳动力的需求。因此，平均用工水平可能会有所下降。可见，技术水平提升和数字经济发展可能会促使高技能人才的用工需求上升。但甘肃省工业数字化下规模以上工业企业平均用工人数会受到自动化程度提高和产业结构调整的影响而下降。

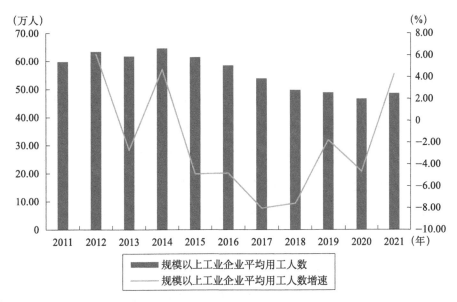

图 2-22 甘肃规模以上工业企业平均用工人数

(四) 不断推进产业链现代化建设

甘肃省加快构建支撑高质量发展的现代化产业体系,传统产业"三化"改造不断加快,石油化工、有色冶金、装备制造等产业重焕生机,新能源、新材料、大数据、生物医药等新兴产业发展势头强劲。2022 年 1~11 月甘肃省规模以上工业增加值增长 6.4%、增速居全国第 12 位,[①] 推动经济运行保持了稳中有进的良好态势。

1. 新兴产业蓬勃发展。[②] 甘肃积极培育新兴产业,特别是新能源、新材料、大数据等领域的产业链。在新能源方面,2022 年,甘肃电投集团抢抓"双碳"机遇,在河西持续加快 6 个、共计 900 兆瓦的新能源项目建设进度。截至 2022 年 11 月底,全省新能源并网装机 3 285 万千瓦,同比增长 30.57%。新能源装机占比达到 50.19%,成为全省第一大电源;新能源发电量 495 亿

---

① 资料来源:2022 年《中国统计年鉴》。
② 资料来源:《培育优势产业 增强发展动能——甘肃省积极构建高质量发展现代化产业体系》。

千瓦时，同比增长 20.71%，成为全省经济发展的重要支撑和产业构建的重要牵引。甘肃在持续提升酒湖直流工程外送能力的基础上，还推进"陇电入鲁""陇电入浙"及酒泉至中东部特高压工程。目前，甘肃电网跨区域输电能力提升至 3 200 万千瓦，新能源输送至 21 个省份。为推动能源优势加快转变为经济、产业和发展优势，甘肃省持续壮大新能源产业链，目前已初步形成了较为完整的风光电装备制造业体系。兰石集团实施 N08810 高温耐蚀合金钢板项目，攻克新能源光伏多晶硅冷氢化反应器"卡脖子"核心材料技术；甘肃电气集团 4.2 兆瓦永磁半直驱同步风力发电机产品进入工程应用，"TMW2600 大型同步无刷变频电动机"项目突破大型同步无刷变频电动机技术瓶颈，实现国产化替代、出口外销；甘肃电投集团加快推进金昌紫金云大数据产业园建设，引入"天翼云"等入驻上线，推动国家北斗导航位置服务数据中心甘肃分中心建成投运，促进新能源就地消纳，与新能源产业互补发展、同频共振，驱动产业转型升级。在新材料方面，金川集团开发 K418B 铸造高温合金、GH3600 镍基耐腐蚀耐热合金等 20 个牌号的镍钴新材料产品，新材料产业的影响力显著提升。在大数据方面，丝绸之路信息港股份有限公司"如意云"平台承载业务系统 800 多个，成为省内首家取得国家级 IDC 运营牌照、ISP 服务资质的区块链平台。此外，金昌新能源锂电、张掖智能制造、天水集成电路封装等产业发展势头良好，战略性新兴产业体系扩容提质取得积极进展。

2. 传统产业焕发活力。工业是甘肃省经济的主体。2022 年，甘肃省省属企业加速传统产业数字化转型，谋划实施重点项目 270 个，石化、有色、冶金等产业焕发活力。[①] 前 11 个月累计完成"三化"改造项目投资 131.58 亿元，推动省属企业上云率达到 65%，重点企业生产设备联网率达到 40% 以上。兰石集团换热公司被认定为省级智能工厂，普安制药、建投重工科技等 5 户企业被认定为省第三批绿色工厂，兰州助剂厂化工一车间等 8 个车间被认定为第二批省级数字化车间。在兰石集团重装炼化公司，数字化车间的普

---

① 资料来源：《培育优势产业 增强发展动能——甘肃省积极构建高质量发展现代化产业体系》。

及可使兰石重装的焊接生产效率提高 20%、焊接材料消耗下降 10%；在金川集团，金川镍冶炼厂闪速炉运送镍精矿系统，通过升级为无人值守的全自动化抓料吊车，使全厂闪速炉每年可多处理 25 万吨镍精矿。

3. 构建现代化产业体系。2022 年，甘肃省国资国企系统重点实施的 90 个产业链标杆项目全年完成投资 110 亿元，同比增长 55.56%；促进省属企业实现产值 3 976 亿元，同比增长 25.15%；带动重点配套企业实现产值 844 亿元，同比增长 19.71%。[①] 甘肃省围绕"强龙头、补链条、聚集群"，构建产业链推进工作机制，加大延链补链强链支持力度，深入打好产业基础高级化、产业链现代化攻坚战，全省 7 个重点产业链实施项目 334 个、完成投资 290.9 亿元，[②] 产业链的韧性进一步增强。由金川集团与龙蟒佰利共同打造的海绵钛生产线、与新希望集团共同打造的氯碱化工生产线项目运行良好，成为化工循环产业链强强联合、聚链成群、让优势产业集群能级更高的生动实践。

三、数字技术推动绿色发展水平逐步提升[③]

（一）工业污染治理初见成效

甘肃省作为西北地区的重要工业基地，其工业发展在一定程度上对环境造成了污染。近年来，甘肃省加强了工业数字化建设，不断推动工业向智能化、绿色化转变，以减少污染排放和保护环境。在污染排放方面，甘肃省工业企业在数字化下实现了生产过程的智能化管理。通过引入先进的信息技术、物联网和人工智能等技术手段，企业能够实时监测生产过程中的污染排放情况，并进行精细化控制。这种数字化管理手段能够及时发现问题、预警

---

① 资料来源：《甘肃省省属企业加速提升产业链供应链竞争力》。
② 资料来源：《甘肃提出经济工作"承旧启新"：走通的路继续走，还要善于辟新路》。
③ 资料来源：历年《甘肃发展年鉴》。

风险、实时调整生产参数等，从而降低污染排放的可能性。甘肃省三废排放量实现了不同程度的降低，一般工业固体废物产生量由 2011 年的 6 523.79 万吨降至 2018 年的 4 992.7 万吨；工业废水排放总量由 2011 年的 19 720.26 万吨降至 2018 年的 10 539 万吨；工业废气排放量由 2011 年的 12 891.93 亿立方米降至 2018 年的 11 937.7 亿立方米（见图 2 - 23）。在污染治理方面，甘肃省工业数字化推动了污染治理技术的创新和应用。数字化技术的应用使得治理设备更加智能化，能够对污染排放进行精细化控制和监测。通过数字化技术的支持，污水处理设备能够实现在线监测和自动调控，提高了处理效果，并减少了对环境的污染。同样，数字化技术也在大气污染治理方面发挥了积极作用，不仅能够实时监测大气污染物的浓度，还能够优化排放源的运营管理和控制，以降低污染排放。但甘肃省工业污染治理投资的总体水平较低，且近年来投资水平呈下降趋势，从 2011 年的 10.53 亿元减少至 2021 年的 5.38 亿元（见图 2 - 24），数字化技术的应用仍需进一步完善，以提高治理效果和降低排放风险。可见，甘肃省工业数字化在减少污染排放和保护环境方面已经取得了一定的成绩，但仍需继续加大力度推动工业智能化建设，完善数字化技术和设备应用，降低数字化的成本和门槛，以实现更好的污染治理效果。

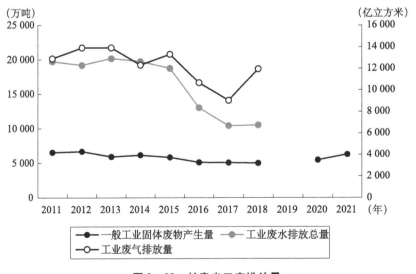

图 2 - 23　甘肃省三废排放量

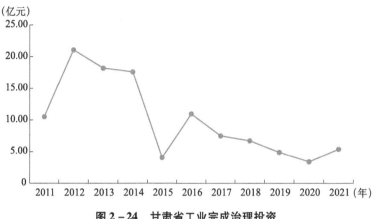

图 2 - 24　甘肃省工业完成治理投资

（二）工业节能与综合利用水平逐渐提高

甘肃省工业企业在数字化下的节能水平有所提升。从总量来看，甘肃省工业企业能源消费总量由 2011 年的 6 393.69 万吨标准煤增加至 2021 年的 8 434.23 万吨标准煤（见表 2 - 8）。分行业看，煤炭能源消费总量所占比重由 2011 年的 63.35% 降至 2021 年的 55.45%，石油能源消费总量所占比重也由 2011 年的 17.18% 降至 2021 年的 14.58%，而天然气能源消费总量所占比重由 2011 年的 3.85% 提升至 2021 年的 5.25%（见表 2 - 8），甘肃省在煤炭、能源等方面的消耗比重有所下降，而在天然气等清洁能源消费量方面的占比不断提升（见图 2 - 25）。可见，甘肃省工业数字化下的工业节能水平取得了一定成效，但仍需继续加大力度推动工业智能化转型，提高数字化技术和设备的应用水平，降低其成本和门槛，进一步完善政策支持和激励措施，以实现更好的工业节能效果。

表 2 - 8　　　　　　　　甘肃省能源消费总量及构成

年份	能源消费总量（万吨标准煤）	煤炭能源消费总量的比重（%）	石油能源消费总量的比重（%）	天然气能源消费总量的比重（%）
2011	6 393.69	63.35	17.18	3.85
2012	6 893.76	61.85	16.48	4.06
2013	7 286.72	60.63	16.7	3.98

续表

年份	能源消费总量 （万吨标准煤）	煤炭能源消费 总量的比重（%）	石油能源消费 总量的比重（%）	天然气能源消费 总量的比重（%）
2014	7 521. 45	60. 41	16. 34	4. 19
2015	7 488. 5	60. 21	16. 15	4. 45
2016	7 299. 93	58. 72	17. 25	4. 63
2017	7 503. 63	55. 83	17. 13	4. 93
2018	7 822. 54	54. 44	16. 21	4. 98
2019	7 818. 02	52. 4	15. 5	5. 27
2020	8 104. 71	52. 74	15. 33	5. 29
2021	8 434. 23	55. 45	14. 58	5. 25

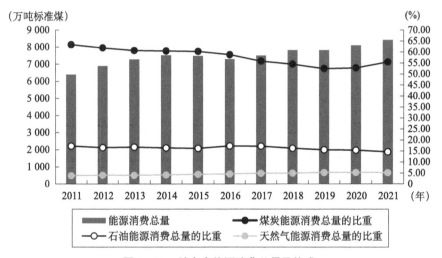

图 2 – 25　甘肃省能源消费总量及构成

第三节　第三产业数字化蓬勃发展[①]

根据中国信息通信研究院的测算，2022 年，我国数字经济规模达到 50.2

---

① 本节除标明外数据均来源于历年《甘肃发展年鉴》。

万亿元，数字经济占 GDP 比重达到 41.5%。从数字经济对三大产业的渗透情况来看，数字经济对服务业的渗透率明显高于对农业和工业的渗透率，2022 年，我国数字经济在服务业领域的渗透率达到 44.7%，在工业和农业领域的渗透率分别为 24% 和 10.5%。以第三产业的典型行业服务业来看，服务零售已成为国民经济的重要引擎和热门赛道，甘肃省的服务零售行业以及第三产业在数字经济机遇下也在蓬勃发展。

一、第三产业成为经济增长的主要产业

改革开放以来，甘肃省国民经济和社会事业得到快速发展。经济的快速发展和人民生活的迅速提高，使第三产业发展的市场需求日益扩大，也为第三产业发展提供了良好的发展基础。随着数字经济的发展，数字技术与第三产业融合使第三产业进入了一个新的发展时期，增长速度加快，结构趋向合理，经济和社会效益明显提高。

（一）甘肃第三产业发展迅速

2013 ~ 2022 年，甘肃省的地区生产总值从 6 014.5 亿元增长到 11 201.6 亿元。近年来，甘肃服务业发展速度比较快，比重也很高，但是在结构上数字和技术含量还不明显。甘肃省第三产业数字化由 2013 年的 2 682.4 亿元增加至 2022 年的 5 741.2 亿元，年均增长率为 7.91%，占 GDP 的比重由 2013 年的 44.6% 增加至 2022 年的 51.25%（见图 2 - 26）。2013 ~ 2022 年，甘肃省第三产业数字化进程增长速度总体高于地区生产总值的增长速度，第三产业产值在 2014 年超过了第二产业，是拉动甘肃省经济增长的主要产业。2016 年，甘肃省第三产业的产值占地区生产总值的比重超过了 50%。在产业数字化进程中，第三产业数字化成为推动产业数字化进程的重要动力。

图 2 – 26　甘肃省第三产业增加值及占 GDP 的比重

（二）兰州第三产业数字化领跑全省

从甘肃省第三产业数字化发展区域分布看，在第三产业数字化水平上，兰州领跑全省。兰州第三产业增加值占全省第三产业增加值的比重由 2013 年的 35% 增加至 2021 年的 36%（见图 2 – 27），兰州市依托其支柱型信息通信产业，发挥数字经济跨越效应、换代效应、迭代效应、联动效应，在产业链上游形成了对关联产业的带动效应，下游产品服务与实体经济不断融合，持续带动了其他各市州传统产业的数字化转型。

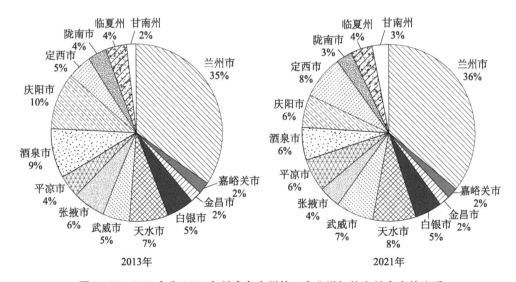

图 2 – 27　2013 年和 2021 年甘肃各市州第三产业增加值占甘肃省的比重

由图 2 – 27 可知，2013 ~ 2021 年，除兰州市的三产占比有所提升外，天水市、武威市、平凉市、甘南州四个市州的三产占比均有所上升，其他 9 个市州的第三产业增加值占全省的比重均有不同程度的下降。

甘肃省各市州第三产业数字化水平均呈现波动变化（见表 2 – 9），2019年和 2020 年部分市州还出现第三产业增加值为负的情况。武威市、平凉市、定西市、临夏州和甘南州 5 个市州的第三产业数字化水平在 2019 年达到最高值，2020 年又有所下降；兰州市、天水市和陇南市三个地区的第三产业数字化水平在 2014 年达到最高，2014 ~ 2021 年则呈现波动趋势。这表明在数字经济背景下，部分市州的第三产业与数字技术融合率较低，数字经济的发展并未有效带动第三产业的转型升级，各地区在把握数字经济发展机遇的能力上仍存在不足。

表 2 – 9　　　　　　　2013 ~ 2021 年各市州第三产业数字化水平　　　　单位：亿元

市州	2013 年	2014 年	2015 年	2016 年	2017 年	2018 年	2019 年	2020 年	2021 年
兰州市	1 384 456	2 106 011	1 334 994	1 566 653	1 669 325	1 712 622	883 255	555 996	1 589 639
嘉峪关市	88 044	101 588	133 672	111 418	82 220	156 149	– 118 761	– 35 999	98 135
金昌市	84 233	155 303	63 615	71 215	91 289	91 315	– 49 086	57 858	80 790
白银市	202 826	86 284	155 011	211 188	98 120	166 853	– 100 622	78 688	226 964
天水市	293 220	452 647	242 270	294 106	234 080	373 915	– 27 786	208 973	344 497
武威市	207 158	153 136	194 159	188 593	170 174	172 807	512 680	113 060	292 746
张掖市	244 354	224 762	153 869	187 256	189 801	213 939	184 635	52 142	182 279
平凉市	164 437	212 305	167 883	167 071	137 619	163 871	382 149	79 978	256 117
酒泉市	361 548	136 378	170 789	242 126	78 533	238 650	– 493 945	24 209	266 197
庆阳市	415 137	229 501	145 908	209 509	189 869	356 170	37 050	155 682	268 200
定西市	180 871	326 360	153 616	154 340	137 283	215 275	599 944	106 332	369 732
陇南市	146 545	399 583	177 663	208 213	184 218	224 565	258 410	70 212	154 074
临夏州	159 044	290 267	117 787	149 689	127 436	151 895	309 940	119 527	193 307
甘南州	68 863	145 045	82 261	61 496	37 713	75 446	470 896	24 687	132 143

二、生产性服务业数字化蓬勃发展

生产性服务业是指直接或间接为生产过程提供中间服务的产业，贯穿生产、消费、流通等环节，具有专业性强、创新活跃、产业融合度高、带动作用显著等特点，是产业竞争的战略制高点。甘肃省生产性服务业经过多年发展，对国民经济增长的协同带动作用明显增强，生产性服务业已全面覆盖 10 大类，形成了以批发、交通运输、仓储、邮政业等传统产业为主，软件和信息技术服务业、科学研究和技术服务业等新兴产业发展势头良好的局面。总体来看，甘肃省生产性服务业高质量发展格局正逐步形成。

（一）交通运输、仓储和邮政业数字化水平提高

甘肃省各级交通运输部门大力推进交通运输信息化、数字化、网络化、智慧化建设，加快构建安全、便捷、高效、绿色、经济的现代化综合交通体系，深入推进智慧交通发展，全面助力交通强国建设。当地以"互联网＋交通"为指引，按照"聚、通、用"的工作思路，以"整合平台、对接系统、共享数据"为原则，全面推进系统互联互通、数据交换共享，以"标准先行、试点应用、成熟推广"的方式，积极推进智慧公路建设，智慧交通建设取得了一系列新突破、新进展。

从甘肃省全省来看，2013 ~ 2021 年，全省交通运输、仓储和邮政业数字化水平整体呈上升趋势（见图 2 - 28），由 2013 年的 349.2 亿元增加至 2021 年的 472 亿元，年均增长率为 3.06%。其中，邮政业务总量由 2013 年的 11.38 亿元增加至 2021 年的 49.8 亿元（见图 2 - 29），年均增长率为 15.9%。截至 2020 年，共建成城市快递公共服务站 817 个，投入运营智能快件箱 2 945 组，格口超过 3 224 万个，箱递率达到 5.4%。高校实现快递服务

规范化全覆盖。农村服务能力加快提升，建制村全部实现直接通邮，建成农村邮政便民服务站 3 622 个。"快递下乡"工程取得重大成果，通过邮快合作、快递驿站等模式推进快递下乡进村，快递服务覆盖省内全部乡镇，快递进村率达到 38.8%。

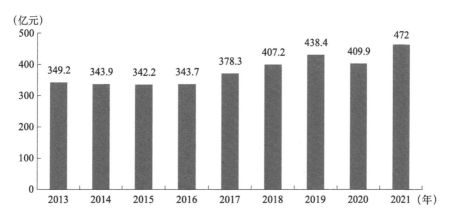

图 2 - 28　2013~2021 年甘肃省交通运输、仓储和邮政业增加值

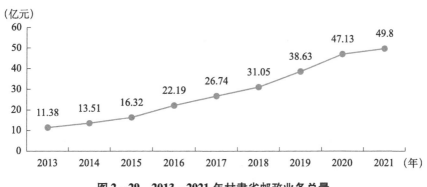

图 2 - 29　2013~2021 年甘肃省邮政业务总量

分市州来看，2013~2021 年，各市州的交通运输、仓储和邮政业呈不均衡发展态势，由表 2 - 10 可知，除 2013 年、2018 年和 2021 年外，其余年份均存在交通运输、仓储和邮政业增加值为负的情况，2014 年，该情况最为突出，除张掖市的交通运输、仓储和邮政业的生产总值高于 2013 年外，其余13 个市州均低于上年水平。甘肃省 14 个市州中，兰州市的交通运输、仓储和邮政业数字化水平最高，其他市州与兰州市相差较大，整体数字化程度较

低。在数字经济发展的初始阶段，该行业与数字技术的融合率较低，整体数字化水平不高，随着数字经济的发展和数字技术的应用，各市州的交通运输、仓储和邮政业数字化水平逐渐提高，2021 年，各市州交通运输、仓储和邮政业增加值均呈正增长。

表 2 - 10　　　　2013～2021 年各市州交通运输、仓储和邮政业数字化水平　　单位：亿元

市州	2013 年	2014 年	2015 年	2016 年	2017 年	2018 年	2019 年	2020 年	2021 年
兰州市	278 559	- 169 741	27 367	20 934	127 950	100 679	1 079 989	- 165 316	283 257
嘉峪关市	18 971	- 41 941	- 1 252	- 349	6 158	4 911	12 419	- 5 431	12 601
金昌市	13 352	- 22 735	1 367	448	2 404	1 641	- 12 615	965	4 775
白银市	51 916	- 123 923	1 842	1 233	13 580	8 806	- 22 355	252	22 822
天水市	54 614	- 78 721	- 6 249	- 2 585	19 764	14 178	24 359	- 11 973	40 418
武威市	65 170	- 111 548	2 566	- 1 178	12 931	9 583	- 83 938	- 718	17 632
张掖市	36 377	12 760	4 060	525	13 413	9 099	- 75 259	733	20 412
平凉市	33 883	- 58 370	3 686	1 983	6 858	4 756	- 42 245	3 365	10 567
酒泉市	60 415	80 045	2 662	40 114	30 939	21 881	- 220 423	- 17 791	36 928
庆阳市	33 044	- 86 680	3 152	3 209	6 240	3 967	17 501	4 363	17 699
定西市	30 681	- 89 385	- 576	- 956	5 765	4 206	19 119	587	15 553
陇南市	34 529	- 89 504	3 385	1 476	5 394	3 487	- 36 833	2 946	8 439
临夏州	10 765	- 24 819	1 009	539	1 689	1 114	27 798	3 627	9 221
甘南州	7 166	- 20 447	761	254	1 253	838	89 868	2 591	13 060

从各州的邮政业数字化水平来看（见图 2 - 30），兰州市的邮政业数字化水平在 14 个市州中处于领先地位。2013 年，兰州市对全省邮政业务总量的贡献率为 32.75%，2021 年增加至 35.53%；其次贡献率较大的市州为天水市，2013 对全省邮政业务总量的贡献率为 11.77%；嘉峪关市、金昌市和甘南州的邮政业务总量占全省的比重均低于 2%，其余市州的贡献率在 6% 左右。

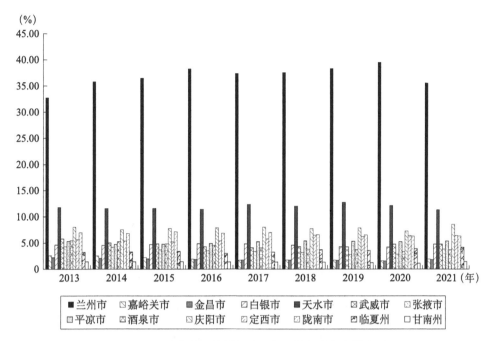

（%）

图2－30　甘肃省各市州邮政业务总量占甘肃省的比重

（二）金融业数字化对三产数字化贡献率上升

金融是现代经济的核心，也是推动经济社会发展的重要力量。2019年以来，甘肃省数字金融与传统产业深度融合发展，推出了一系列数字化转型项目，如"数字化供应链""智能制造大数据平台"等，有效了提升产业的智能化水平和竞争力。从全省的金融业数字化水平来看，2013～2020年，甘肃省金融业快速发展，金融业增加值由2013年的323亿元增加至2021年的887.8亿元；对全省生产总值的贡献率也由2013年的12.79%增长到2021年的16.41%，共增加了3.6个百分点（见图2－31）。

从各市州的数字金融普惠指数来看，2011～2020年，甘肃省各市州数字普惠金融总指数均有不同程度的上升。其中，兰州市、嘉峪关市和金昌市在2011～2020年均位居前三，自2017年来，嘉峪关市的数字普惠金融指数超越兰州市，成为甘肃省数字普惠金融发展的首要地区，具有资源汇集能力

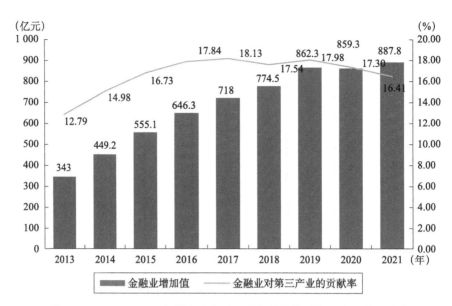

图2-31 2013～2021年甘肃省金融业增加值及其对第三产业的贡献率

强、效率高等优势。而由于资源匮乏、金融基础设施不完善等原因，临夏州、甘南州和陇南市的数字普惠金融总指数多次位于14个市州的后三名。从最大值与最小值来看，2011年甘肃省各市州数字普惠金融总指数最大值与最小值的差值最小，2013～2017年呈下降趋势，而2017后差值又有所增大，说明甘肃省各市州数字普惠金融发展不均衡问题依然存在。

从横向来看，数字普惠金融指数（见表2-11）增长量排名第一的是嘉峪关市，由2011年的35.54增加至2020年的277.07，共增长了241.53；增长量排名第二的是兰州市，由2011年的66.56增加至2020年的272.78，共增长了206.22；增长量排名第三的是酒泉市，由2011年的60.79增加至2020年的263.50，共增长202.71。增长量排名后三位的市州分别是临夏州（191.29）、天水市（190.79）以及陇南市（187.83）。由以上排名结果可以看出兰州市与嘉峪关市的金融业数字化水平在全省较高。兰州市作为甘肃省的省会城市，是甘肃经济、政治、文化、科教中心，是西北区域重要的工业基地与交通枢纽，因此会吸引周围地区的人才与金融机构向其靠拢，并且省会城市居民受教育程度更高，对新事物的接受能力与判断力都较强，对支付宝、微信等手机软件适应速度更快，运用范围更广。而 GDP 排名较低的嘉峪关市，因国家对贫困地区较大的金融支持力度和当地经济、社会、消费结构，又存在较高的金融包容性。

表 2－11　　　　　　　2011～2020 年各市州数字普惠金融指数

市州	2011 年	2012 年	2013 年	2014 年	2015 年
兰州市	66.56	109.06	145.58	158.54	193.77
嘉峪关市	35.54	93.52	171.13	194.87	167.42
金昌市	57.83	97.00	118.26	171.38	175.49
白银市	40.33	77.11	109.30	137.86	159.97
天水市	32.79	69.85	104.37	128.71	147.95
武威市	31.32	67.54	101.74	129.00	144.62
张掖市	48.41	85.73	114.64	138.30	162.55
平凉市	28.31	72.06	101.78	130.99	153.05
酒泉市	60.79	92.89	131.93	144.95	180.25
庆阳市	34.62	68.26	93.15	142.67	162.01
定西市	19.53	55.52	105.15	111.86	140.96
陇南市	31.84	60.88	102.07	105.61	140.97
临夏州	17.94	45.33	108.78	120.06	134.16
甘南州	17.84	52.66	73.84	113.68	144.40
市州	2016 年	2017 年	2018 年	2019 年	2020 年
兰州市	211.90	238.73	248.45	262.69	272.78
嘉峪关市	194.84	241.61	250.79	264.64	277.07
金昌市	196.43	220.07	227.01	240.05	251.70
白银市	178.82	207.81	215.53	227.35	238.20
天水市	169.02	193.54	198.68	210.78	223.58
武威市	171.95	198.32	203.41	217.60	228.96
张掖市	180.43	213.32	220.06	232.88	244.80
平凉市	169.04	196.20	203.73	214.47	226.50
酒泉市	195.86	226.55	237.32	251.98	263.50
庆阳市	172.17	198.27	209.13	216.44	227.62

市州	2016 年	2017 年	2018 年	2019 年	2020 年
定西市	162.14	191.67	195.20	208.85	221.40
陇南市	167.51	187.91	197.93	208.04	219.67
临夏州	153.14	183.36	188.50	198.23	209.23
甘南州	159.32	191.49	208.36	208.08	217.20

资料来源：根据《北京大学数字普惠金融指数》整理。

三、生活性服务业数字化蓬勃发展

生活性服务业是保障和改善民生、提高人民生活品质、健全和提升城市功能的重要基础。"新消费"催生新业态。随着新技术的不断涌现和发展，以数字消费为代表的新消费将会推动形成潜力巨大的新兴消费市场。直播和社交电商拉近了消费者与商品之间的距离，智慧物流、电子商务、智能供应等新业态，以及新零售、数字贸易、共享经济、平台经济、数字权益经济等新模式，推动产品创新水平和供给质量不断提升，使新消费需求不断扩大，成为甘肃省新业态持续发展的重要支撑。

（一）数字技术助力消费转型升级

近年来，线下消费场景发展受到多种因素限制，电商持续打造消费新场景、丰富消费新供给、满足消费新需求，带动居民消费加速转向线上，成为拉动消费增长的新动能。2014 年 4 月 28 日，淘宝网"特色中国甘肃馆"线上馆上线，成为甘肃电商发展的标志性事件。2021 年启动的全省电商同城配送体系建设，已经覆盖了全省 78 个县区。甘肃各市州持续推动"同城配送"体系扩容提质，整合纳入本地物流、商业、家政等业态，实现销售企业线上和线下同步推进、批零住餐实体和网上同步推介、商业服务实体和网上同步宣传。

由图 2-32 可知，甘肃省的电子商务销售额自 2013 年来整体呈上升趋势，由 2013 年的 225.1 亿元增加至 2021 年的 771.1 亿元，是 2013 年的 2.5 倍左右。2021 年甘肃省的电子销售额增速最快，增长率约为 42%。

图 2-32 2013～2021 年甘肃省电子商务销售额

2013 年来，甘肃省服务消费快速增长，餐饮、住房、社区服务、教育、旅游、汽车、通信、文化娱乐等新的消费热点不断涌现，以娱乐型、享受型消费为特征的"新兴消费品"推动了服务消费结构的快速升级。各市州社会消费品零售总额均有不同程度的上涨。其中，2013～2021 年，兰州市的社会消费品零售总额均位列 14 个市州之首，由 2013 年的 8 505 266 万元增加至 2021 年的 17 577 416 万元，年均增长 7.53%。

从各市州支付的数字化水平来看（见表 2-12），2011～2019 年，兰州市支付的数字化水平均位于全省第一，2020 年嘉峪关市的支付数字化水平首次超越兰州市成为全省第一。酒泉市的支付数字化水平自 2011 年来均位于全省前三名；嘉峪关市自 2016 年来位列全省前三后，2017～2020 年支付的数字指数一直处于上升趋势，2020 年的数字化支付指数达到 283.77。临夏州、甘南州和陇南市的数字化支付指数多次位于 14 个市州的后三名。从最大值与最小值来看，2011 年甘肃省各市州数字普惠金融总指数最大值与最小值的差值最小，2012～2017 年呈波动趋势，自 2017 年后呈下降趋势，表明甘肃省各市州的支付方式在数字化方面还存在较大差距。

表 2 – 12 2011～2020 年各市州数字化支付指数

市州	2011 年	2012 年	2013 年	2014 年	2015 年
兰州市	51. 30	78. 89	108. 51	147. 84	180. 18
嘉峪关市	0. 02	28. 32	56. 27	98. 61	117. 82
金昌市	16. 16	37. 10	68. 21	108. 84	142. 06
白银市	12. 81	33. 63	58. 42	107. 80	139. 99
天水市	20. 58	34. 61	61. 57	102. 35	130. 12
武威市	6. 25	28. 49	59. 99	104. 08	130. 59
张掖市	10. 34	29. 55	64. 51	107. 71	138. 51
平凉市	8. 72	27. 78	60. 80	101. 60	127. 21
酒泉市	35. 30	54. 40	84. 99	128. 30	156. 19
庆阳市	8. 60	34. 45	62. 90	102. 67	130. 92
定西市	36. 56	53. 55	71. 44	104. 81	133. 97
陇南市	13. 73	29. 68	60. 31	95. 27	119. 92
临夏州	1. 10	28. 00	65. 62	99. 91	118. 33
甘南州	0. 00	– 3. 81	46. 09	90. 44	121. 37
市州	2016 年	2017 年	2018 年	2019 年	2020 年
兰州市	214. 67	240. 68	247. 67	271. 54	275. 56
嘉峪关市	190. 14	214. 26	243. 26	268. 70	283. 77
金昌市	183. 51	185. 12	208. 01	239. 05	257. 66
白银市	182. 60	190. 86	206. 01	230. 03	248. 46
天水市	164. 24	169. 15	185. 10	213. 75	226. 58
武威市	170. 88	178. 27	195. 11	230. 93	245. 90
张掖市	189. 39	200. 34	216. 09	242. 11	253. 84
平凉市	167. 19	175. 39	186. 15	209. 60	229. 03
酒泉市	196. 99	205. 21	230. 69	261. 41	273. 65
庆阳市	171. 41	179. 38	194. 80	218. 62	236. 29
定西市	166. 91	170. 34	181. 45	205. 68	225. 79
陇南市	155. 57	159. 33	177. 26	204. 73	222. 28
临夏州	156. 66	160. 74	168. 30	192. 37	211. 67
甘南州	159. 24	169. 02	177. 04	196. 27	220. 25

资料来源：根据《北京大学数字普惠金融指数》整理。

（二）智慧旅游促进文旅产业提质增效

近年来，甘肃省文旅厅主动适应移动互联网发展趋势，针对不同年龄、不同地域、不同兴趣、不同上网行为习惯的网民，科学选择不同层面的网络平台，以更加灵活、更显特色、更有实效的方式，通过几年的实践与探索，利用大数据开展数字化营销，为特色文旅产品走出甘肃提供了全新可能。

甘肃"一部手机游甘肃"和"一中心、三体系、三朵云、一平台"智慧旅游促进了全省文化旅游产业提质增效。"一部手机游甘肃"实现了全省 4A 级和 5A 级旅游景区智能导游导览、线路查询、语音讲解、VR 全景、分时预约、旅游投诉等功能，使甘肃省文旅行业进入信息化、智慧化时代，有力提升甘肃文化旅游服务的智能化、信息化、便捷化水平。目前，"一部手机游甘肃"综合服务平台已接入甘肃省 113 家 4A 级及以上景区导游导览信息，实现 814 家农家乐、573 条旅行线路、9 695 名注册导游等信息在线展示，以及 6 843 家酒店及家庭旅馆预订，累计服务游客超过 1 500 万人次。

从各市州的旅游业发展情况来看，兰州、天水、嘉峪关、金昌、酒泉、张掖、平凉、陇南、临夏、甘南 10 个市州明确提出将旅游业作为首位产业进行重点发展。2013 年，酒泉市旅游业国际旅游外汇收入在全省排名第一，达到 1 033.75 万美元；其次是兰州市，国际旅游外汇收入为 560.91 万美元；排名第三的是嘉峪关市，国际旅游外汇收入为 135.98 万美元（见图 2 - 33）。而白银市、陇南市及定西市的国际旅游外汇收入在全省排后三名。2014 年各市州的国际旅游外汇收入均有所下降，且下降幅度较大。2014～2019 年，除临夏州外，其余各市州旅游业蓬勃发展，国际旅游外汇收入均呈上升趋势，其中，酒泉市的收入增量最大为 1 741.32 万美元，增量最小的是庆阳市，国际旅游外汇收入增长量为 2.16 万美元。

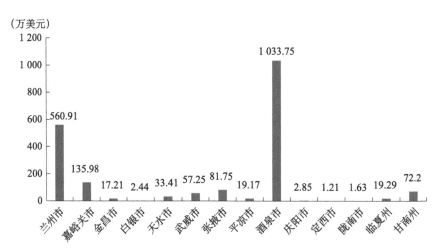

图 2-33　2013 年各市州国际旅游外汇收入

（三）数字基础设施赋能产业数字化发展

近年来，甘肃省网络基础设施建设步伐明显加快，互联互通能力显著改善。全省建设移动通信基站达到 18.6 万个，其中 4G（第四代移动通信）基站数量比重接近 60%。截至 2020 年底，甘肃省 14 个市州实现主城区 5G（第五代移动通信）网络覆盖，5G 网络人口覆盖率达到 24% 以上，县（市、区）网络平均出口带宽达到 200G，百兆以上宽带用户占比达到 92.5%；行政村光纤宽带和 4G 网络覆盖率达到 99% 以上。截至 2020 年底，甘肃省建成运行 300 个机柜以上数据中心 36 个，各类数据中心机架总数达到 59 012 架，可对外提供服务机柜 30 176 个，平均电能利用效率（PUE）值为 1.31。金昌紫金云大数据中心、丝绸之路西北大数据产业园数据中心、甘肃联通马滩大数据中心、甘肃国网云数据中心等投入运营。在建或拟建数据中心项目有 17 个，可部署机架（功率超过 2.5kW）为 12.1 万架，设计 PUE 值约为 1.27，绿色集约大数据集群初步形成。

从各市州的互联网用户量可以看出（见图 2-34），自 2013 年来，各市州的互联网用户数量呈持续上升趋势。其中，兰州市的互联网用户数量均位

居全省第一，2021 年的用户数量是 2013 年的 4 倍左右，大部分市州在
2015～2017 年的用户数量增长率最高，此后呈平稳上升趋势。从年均增长率
来看，定西市的互联网用户数量的年均增长率最高（24.40%），其次是陇南
市（23.60%），年均增长率排名第三的是临夏州（23.36%），张掖市、嘉峪
关市及金昌市的互联网用户数量的年均增长率则排在全省后三名。

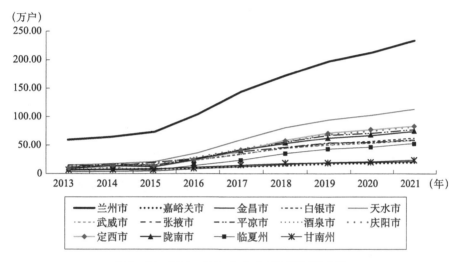

图 2－34　2013～2021 年各市州互联网用户数

第三章 甘肃数字产业化进展

数字产业化是数字经济的核心产业，为产业数字化发展提供数字技术、产品、服务、基础设施和解决方案，以及完全依赖于数字技术、数据要素的各类经济活动。整体来看，近年来甘肃数字产业发展亮点纷呈，一系列互联网、大数据、智能制造产业园、互联网龙头企业和新锐企业落地建设，数据信息产业发展逐渐具备加速发展的基础。

第一节 数字产业化基础实力持续巩固

一、数字产业化规模稳步提升

2021 年，数字经济已经成为驱动甘肃经济增长的核心动力，在国民经济中的地位愈加重要。数字技术实力不断增强，数字产业化基础不断夯实，规模稳步提升、体系愈加完善，推动甘肃数字产业化高质量发展。从规模上看，2021 年，数字产业化四大核心产业主营业务收入达 564.72 亿元，同比增长 14.98%。从细分行业看，2021 年，电信业主营业务收入、软件和信息技术服务业主营业务收入分别占四大核心产业主营业务总收入的 36.55%、

8.19%，相比于 2020 年，占比份额下降了 3.57%、5.28%；电子信息制造业主营业务收入与互联网业主营业务收入分别占比为 54.01%、1.25%，相较于 2020 年都有所提升，数字产业化内部结构逐渐优化。①

甘肃省已建成 3.15 万个 5G 基站、66 个数据中心、15 个工业互联网平台。5G 网络实现市州城区全覆盖。兰州获评全国 5G 网络速率最佳城市。全国一体化算力网络国家枢纽节点获批建设，兰州国家级互联网骨干直联点、庆阳数据中心集群、全省算力资源统一调度服务平台加快建设。张掖、金昌、酒泉、兰州新区云计算大数据项目有序推进。甘肃省行政村实现动力电全覆盖，光纤宽带和 4G 网络覆盖率达到 99%。

二、数字产业成为经济社会发展的新引擎

（一）丝绸之路搭建信息共享基础平台

丝绸之路信息港是甘肃省委、省政府抢抓"一带一路"建设机遇，积极构建生态产业体系，打通南向通道、抢占信息制高点的重大战略部署。"上游资源 + 中游技术 + 下游应用"，基于互联网云架构，以数据共享为核心，应用、服务为纽带，将信息资源进行整合，积极开展数据的计算处理、挖掘分析和运营开发，加速推动数据流通，打造"1 + N"的应用平台框架，构建立足甘肃、辐射西部，面向中西亚国家和南向通道的数据资源汇聚之港，对内驱动"数字甘肃"建设，对外支撑"21 世纪数字丝绸之路""共建丝路信息港、共享陆海大数据"，为甘肃融入"一带一路"倡议建立新途径、开辟新空间。

（二）大数据中心集群逐步成形

兰州、金昌、酒泉、庆阳、兰州新区等地部署建设物理分散、逻辑统一

---

① 资料来源：《中国第三产业统计年鉴》《中国电子信息产业统计年鉴》及甘肃省工业与信息化厅网站。

的支持甘肃服务全国的云计算、大数据中心，逐步形成具有一定规模效应和较强示范带动作用的产业集聚区。金昌紫金云大数据中心、庆阳华为云计算服务中心、丝绸之路信息港云服务大数据产业基地数据中心、丝绸之路西北大数据产业园数据中心、甘肃联通马滩大数据中心、兰州新区大数据产业园大数据中心等数据中心已建成投入使用。大数据中心建设情况如表 3 - 1 所示。

表 3 - 1　　　　　　　　　　大数据中心建设情况

大数据中心	情况
丝绸之路信息港	以甘肃为战略支点，以"一带一路"沿线重点国家重要城市为合作对象，以跨国合作园区为合作载体，共同建设形成通畅、安全、高效的网络大通道和信息服务综合体系，在信息时代下，近期助力形成面向中亚、西亚、南亚等地区的"丝绸之路信息走廊"，远期助力形成辐射东盟、蒙俄、阿拉伯等地区的"数字丝绸之路"
西北中小企业云平台数据中心	机房面积超过 2 000 平方米，互联网出口带宽达到 280G，拥有服务器超过 1 000 台、存储近 1PB，承载虚拟化主机超过 3 000 台，为省内 2 万余家和省外数百家政府和企事业单位提供云服务
兰州新区大数据产业园	作为承载兰州新区政务云及新型智慧城市的基座，打造了"一云（政务云）、二网（电子政务外网、市政无线专网）、三平台（大数据共享交换平台、时空信息服务平台、统一物联网平台）、多应用"体系，建设了智慧城市政务云等 22 个项目，实现了新区 3 个办事大厅 12 类 590 台智能终端对接，22 家单位接入数据共享交换平台
紫金云大数据中心	紫金云大数据中心是甘肃省发展数字经济的重要基础平台，也是全省数字信息产业链"链主"企业。总投资约 50 亿元，形成 5 万个机柜的服务能力。已经投入运营的国家北斗导航位置服务数据中心、北斗时空信息平台及水电站地质灾害监测预警系统、北斗时空码与工业互联网深度融合示范系统均已具备对外提供服务的能力。紫金云高性能通用计算中心已成为全省最大的超算平台，与北京计算中心、上海超算中心、甘肃省计算中心达成战略合作
张掖大数据产业园	张掖大数据产业园分三期实施。项目总体建设思路为"四中心一园区"，包括张掖大数据中心、算力中心、数字传媒中心、研发中心、园区配套公寓楼。项目建成运营后将成为大数据企业的重要聚集地，通过自身规模、品牌、资源等价值为社会产业结构升级、区域经济发展和产业资本扩张提供有力的支撑作用

续表

大数据中心	情况
酒泉云计算大数据中心	酒泉云计算大数据中心以"平台＋产业园"理念，规划建设10 000个机架，构建"信息共享、技术研发、创业孵化、产业发展、运营维护、合作交流"的综合性大数据中心平台，目前一期工程已经建成，配置2 200个标准机架已投入运营。该项目的建成，将推动市级与全市1区2市4县的数据统筹，最大程度地实现与市内外关联行业、周边地区的资源共享，承接周边地区和国内大中型企业的数据存储、备份和云计算业务
甘肃电信互联网数据中心	甘肃电信互联网数据中心是甘肃电信唯一一家能提供互联网数据接入和经营IDC业务的专业数据中心及正规营销渠道
甘肃移动云计算数据中心	建设形成数据中心机房1栋、动力中心1栋、7 000个机架的服务能力
甘肃联通数据中心	建设2 020个机架，接入带宽达到2T
国家电网云数据中心	是国网系统唯一一家实现"华为云"和"阿里云"并行运行的数据中心，已承载国网集团智慧能源服务、能源大数据中心等新兴产业运营平台
国家数据中心集群（甘肃·庆阳）	庆阳数据中心集群预计新建2.5千瓦标准机架80万架，其中"十四五"期末新建30万架标准机架，基本建成数网、数纽、数链、数脑、数盾体系，年产值达1 000亿元，带动就业3万人，打造成重点服务京津冀、长三角和粤港澳大湾区等区域算力需求的全国算力保障基地
甘南州合作市大数据中心	项目共计建设机架550个，其中算力机架400个，存储机架150个，能对外提供500PB数据存储和每秒112亿亿次浮点运算服务，是推动国家东数西算战略落地的实际行动，是抢占新基建、新型产业制高点的战略抉择，为合作市打造百亿强县、十大高地、建设青藏之窗·雪域羚城开辟新路径、注入新动能

第二节　数字产业化各行业蓬勃发展

　　5G、云计算、人工智能等数字技术突飞猛进，为数字经济广泛辐射渗透提供了关键驱动力量。数字经济以数字产业化为昂扬进发的龙头，驱动着产业数字化不断发展，正在颠覆和重塑传统制造模式、生产组织方式和产业形态。在国家和各地规划政策中，数字产业被明确认定为数字经济发展的基础支撑产业。各地都在数字经济核心产业领域加紧布局，甘肃省也紧跟国家步伐，因地制宜，积极利用数字产业这一新业态新模式推动本省经济社会发展。

一、电信业基础支撑作用不断加强

（一）电信业务收入波动上升

近年来，甘肃电信业深入贯彻落实党中央、国务院决策部署，坚持新发展理念，积极践行网络强国战略，5G 建设有序推进，新型基础设施能力不断提升，有力支撑甘肃传统产业数字化转型。面对以新发展理念引领高质量发展的新形势，甘肃积极提高基础设施建设能力，不断扩大 5G 站点覆盖度，出台一系列政策为全省产业数字化转型按下"加速键"。从电信业总体规模看（见图 3 - 1），2014 年以来，甘肃电信业务总量呈现波动发展态势，从 2014 年的 264.02 亿元快速增至 2020 年的 2 556.96 亿元，年均增长率为 46%，之后出现回落，降至 2022 年的 296.50 亿元，从电信业务收入初步核算值来看，甘肃省电信业务收入从 2014 年的 173.13 亿元增至 2022 年的 221.40 亿元（见图 3 -2），年均增长率为 3.12%。①

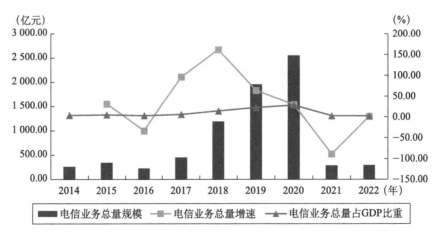

图 3 –1　甘肃省 2014～2022 年电信业务总量规模及增速

① 资料来源：历年《甘肃发展年鉴》和甘肃省通信管理局网站。

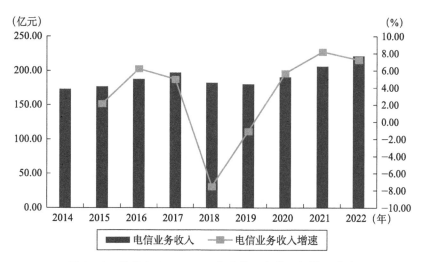

图 3 - 2　甘肃省 2014 ~ 2022 年电信业务收入规模及增速

　　分区域看，2014 ~ 2022 年，甘肃 14 个市州的电信业务总量规模与全省发展趋势保持一致。从电信业务总量均值看，排名前五的市州分别为兰州市、天水市、陇南市、庆阳市、定西市，其电信业务总量均值分别为 228.80亿元、78.76 亿元、69.07 亿元、69.01 亿元、65.24 亿元，分布在陇东南地区，排名末位的市州分别是金昌市、嘉峪关市，其电信业务总量均值分别为18.83 亿元、13.23 亿元，分布在河西地区（见图 3 - 3）。排名第一的兰州市是排名末位的嘉峪关市的 17 倍之多，区域差距明显。在 2014 ~ 2019 年，电信业务收入均值（除甘南州、临夏州）排名位居前五位的市（州）分别是兰州市、白银市、平凉市、庆阳市、天水市，其电信业务收入均值分别为50.48 亿元、33.88 亿元、25.79 亿元、18.11 亿元、16.13 亿元，分布在陇东南地区，排名末位的市州分别是酒泉市和嘉峪关市，其电信业务收入均值分别为 6.78 亿元和 3.71 亿元，分布在河西地区。从增长速度看，电信业务总量年均增长率最快的金昌市为 22.92%，年均增长率最慢的陇南市为－10.65%，河西地区与陇东南地区的差距在缩小。电信业务收入年均增长率最快的庆阳市为 59.41%，年均增长率最慢的嘉峪关市为－10.43%。[①]

－－－－－－－－－－

　　①　资料来源：《中国第三产业统计年鉴》。

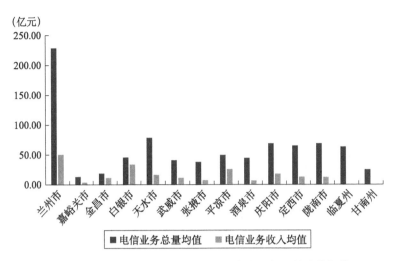

图 3 – 3　甘肃 14 市州 2014～2022 年电信业务总量均值规模

（二）电信用户实现跨越式增长①

经初步核算，甘肃全省的移动电话用户数从 2014 年的 2 059 万户数增至 2022 年的 2 784.34 万户数，增长了 1.35 倍，增长速度最快的年份为 2017 年，为 14.64%，增长速度最慢的年份为 2020 年，仅为 –2.81%，年均增速为 3.84%。固定电话用户数从 2014 年的 341.3 万户降至 2022 年的 299.89 万户，移动电话交换机容量从 2014 年的 2 633.8 万户增至 2021 年的 4 802.68 万户，几乎呈现翻番增长，全省电信业发展迈上新台阶。甘肃省 2014～2022 年电信用户规模及增速如图 3 – 4 所示。

分区域看，在整个研究期内，从移动电话用户均值看，用户规模位居前列的分别是兰州市、天水市、定西市，其移动电话用户规模均值分别为 542.59 万户、267.56 万户、213.66 万户，排名末位的市州分别为甘南州、金昌市、嘉峪关市，其移动电话用户规模均值分别为 64.71 万户、52.39 万户、43.13 万户（见图 3 – 5）。排名第一的兰州市是排名最后的嘉峪关市的

① 资料来源：历年《甘肃发展年鉴》和甘肃省通信管理局网站。

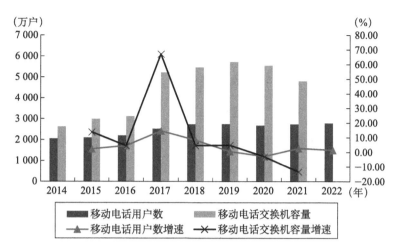

图3-4 甘肃省2014～2022年电信用户规模及增速

12倍之多，甘肃省电信业发展主要依靠中心城市向外围发散，存在集聚现象，这也与甘肃地理位置息息相关。从增长速度看，在甘肃14个市州中，年均增长速度最快的是平凉市，为7.18%；年均增长速度最慢的是酒泉市，为-3.55%。这与两市的主要发展产业有关。

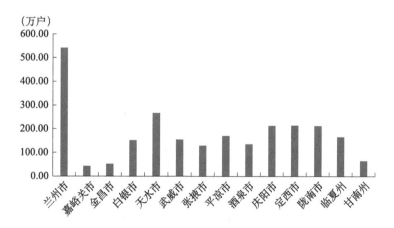

图3-5 甘肃14市州2014～2022年移动电话用户数均值规模

（三）数字基础建设加速推进

数字基础设施是产业数字化转型的关键支撑，也是打牢数字经济发展的底座，以5G、光纤为代表的通信网络是数据要素的"高速路"，以光速将采集到的数据要素通过有线或无线的方式传送到各个地方。甘肃省信息网络基础设施发展迅速（见表3-2和表3-3）。自2019年5G商用牌照正式发放以来，甘肃移动大力锻造支撑转型发展的网络基础能力，加快建设"信息高速"，创造了全省5G网络发展的多个第一。截至2022年底，甘肃移动建设5G基站超2.4万座，实现了5G网络乡镇以上全覆盖、产业园区和特种养殖区全覆盖，推动5G等新一代信息技术从个别场景、个别环节"点状应用"向农业、工业、服务业等实体经济全场景和全环节"深度渗透"。甘肃移动不断发挥5G优势，把高质量发展、数智化转型作为重要发展目标，发力"新基建"，筑牢数智化转型底座，赋能甘肃经济社会转型升级。同时，甘肃省光缆线路长度也实现了质的飞跃，从2014年的43.05万公里增至2021年的104.26万公里，实现了翻番增长，支撑产业数字化更快更好转型发展（见图3-6）。

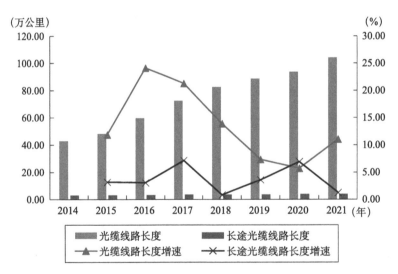

图3-6 甘肃省2014~2021年数字基础设施建设情况

表3-2	全省基础网络建设情况
市州	情况
兰州	2021年，累计建成5G基站5 200个，基本实现主城区和重点应用场景5G网络覆盖，全市互联网出口带宽达到3 600G，兰州新区国际互联网数据专用通道开通运营，初步形成全省乃至西部最有潜力的数字产业基础

续表

市州	情况
嘉峪关	截至 2022 年 7 月，嘉峪关多举措加快部署建设 5G 网络，推动扩大 5G 应用场景，促进数字经济与实体经济深度融合，以数智赋能三次产业跨越发展。新建、改建 5G 基站 580 个，实现主城区、南市区、酒钢冶金厂区 5G 网络连续覆盖，雄关广场、关城、各社区服务中心等 58 个重点公共区域免费 WiFi 覆盖
白银	白银市白银区指导协助移动、电信、联通、铁塔公司按照城区核心区、政府机关、公共服务场所、学校、汽车站、景区等重点区域优先覆盖 5G 网络的要求，全力推进 5G 基础设施建设，确保重点区域 5G 网络优先覆盖。截至 2021 年底，白银区已累计完成 5G 基站建设 560 个，累计投资 6 000 余万元，基本实现了城区 5G 全面无缝覆盖
金昌	2021 年，"东数西算"试点取得新成绩，紫光云节点、政务数据灾备中心等平台上线运行，网络货运数字产业园入驻企业 79 户
武威	2022 年，武威市新建 5G 基站 645 个，累计建成 5G 基站 1 784 个，千兆宽带用户 30 860 户。实现市县城区、重点乡镇热点区域、工业园区 5G 网络覆盖
张掖	2021 年，全市首座 700M 频段 5G 基站建成并开通
庆阳	2021 年 10 月底，全市 5G 基站已建成开通 1 215 个，目前运营商已基本完成 5G 设备全量开通，已实现西峰城区和 7 个县城重点区域 5G 网络连续覆盖，5G 规模化商用逐步开展，5G 在垂直行业的示范引领作用初步显现
酒泉	截至 2022 年底，全市城市家庭千兆光纤网络覆盖率 100%，共建成 5G 基站 2 212 个，每万人拥有 5G 基站数达到 21 个、5G 用户占比达到 40%，城市和重点场所 5G 网络通达率达到 96.3%，均高于全国平均水平，成功创建 2022 年度全国"千兆城市"，成为甘肃唯一、全省首个创建成功的城市
天水	截至 2021 年 11 月底，天水市已建成 5G 基站 1585 座，超额完成了全年建设任务，实现了城区 5G 网络连片优质覆盖
平凉	新建 5G 基站 677 个
定西	2022 年，5G 基站数为 2 875 个，年末互联网宽带接入用户 81.71 万户
陇南	2022 年，新建 5G 基站 709 个。建成陇南电商数据平台，预计全年电商销售额突破 60 亿元，创历史最高水平
临夏	截至 2023 年 5 月，临夏移动已建成 5G 基站 1 701 个，规模列全省第六，累计整体投资 8.51 亿元，全州乡镇及以上区域已实现 5G 全覆盖，行政村覆盖率 80% 以上

表 3 - 3　　　　　　　　　　　重点企业园区 5G 网络升级改造情况

重点企业园区	情况
兰州新区	着力打造全省"5G＋工业互联网"智慧示范区，率先建设"5G＋绿色化工"智慧园区、"5G＋离散制造业"智慧园区、"5G＋物流"智慧园区、"5G＋农业"智慧园区
兰石集团	完善园区 5G 网络基础建设，在园区内通过宏站、微站、皮站的异构网络体系开展 5G 网络覆盖
白银公司	基于"5G＋工业互联网平台"的物流信息化管理系统，作为白银有色铁路运输物流公司白银综合物流园项目子项，主要完成物流园区 5G 网络部署，搭建基于工业互联网平台的物流信息化系统
金川集团	"5G＋智慧园区"建设项目，建设"5G＋金川民营经济产业园"智慧园区，实现园区 5G 信号全覆盖，满足园区内企业系统平台搭建高速数据传输需求
华天集团	集成电路封测智慧园区建设项目，开展"5G＋智能制造/智慧园区"、信息化建设和数字化转型建设
酒钢集团	5G 商用基站及实验室项目，实现酒钢本部厂区、榆钢、矿山 5G 网络覆盖，为 5G 网络在工业现场应用创造良好的网络环境
甘肃电气	在兰州电机实现园区 5G 网络覆盖，为后期将 5G 应用于设计研发及数字化车间打好基础

二、电子信息制造业平稳较快发展[①]

（一）总体规模保持良好增长态势

全省电子信息制造业深入贯彻落实省委、省政府决策部署，加快推进产业基础高级化产业链现代化，着力培育新兴产业，行业运行稳中加固、稳中向好，继续呈现高质量发展良好态势。如图 3 - 7 所示，全省规模以上电子信息制造业工业总产值从 2011 年的 28.4 亿元增加至 2021 年的 217.4 亿元，年

---

① 资料来源：《中国电子信息产业统计年鉴》。

均增速为 22.6%，占 GDP 的比重从 2011 年的 0.59% 上升至 2021 年的 2.12%。全省电子信息制造业增加值呈现波动增长，从 2011 年的 2.79 亿元增加至 2021 年的 67.88 亿元。

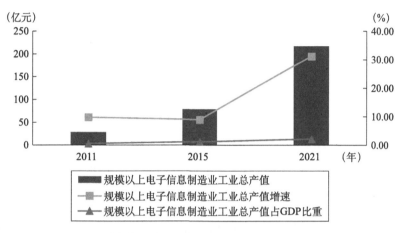

图 3-7　甘肃省规模以上电子信息制造业产值变化及增速

近年来，随着移动通信制式换代，通信基础设施投资和移动终端销售收缩，且集成电路等元器件产业处于周期性波动低谷，全球贸易环境面临不稳定因素，全国电子信息制造业呈现波动发展状态，但甘肃省电子信息制造业有着较好的发展基础，尤其在集成电路封测、锂离子电池产业、大数据、物联网等领域，具有资源能源、地理区位、应用市场等诸多方面的优势，加上甘肃省委、省政府近几年出台了一系列促进电子信息产业发展的政策措施，在政策导向、资金支持、税收优惠等方面建立保障机制，为全省电子信息制造业发展营造了良好的环境。如图 3-8 所示，从总体看，2011~2021 年，甘肃省规模以上电子信息产业制造业主营业务收入从 27.9 亿元增加至 305 亿元，年均增速为 27%。

如图 3-9 所示，从细分行业看，电子及通信设备制造业主营业务收入从 2011 年的 23.9 亿元增加至 2021 年的 249 亿元，增长速度迅猛。电子及通信设备制造业新产品出口销售收入从 2011 年的 3.03 亿元增加至 2021 年的 26.65 亿元，保持了良好的增长态势。从投资视角看，电子信息制造业本年

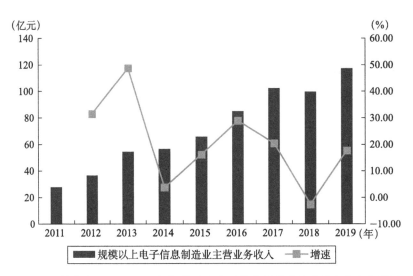

图 3 - 8　甘肃省 2011～2019 年规模以上电子信息制造业主营业务收入及增速

累计完成固定资产投资额呈现先增后减的波动发展趋势，从 2012 年的 34.1 亿元上升至 2016 年的 47.53 亿元，之后在 2017 年出现回落，为 16.8 亿元，投资额的大幅下降造成电子信息制造业发展不稳定。

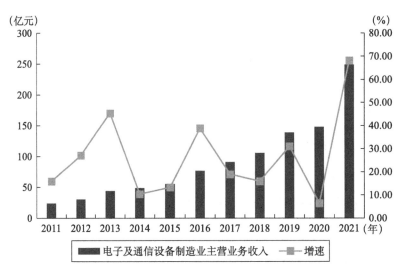

图 3 - 9　甘肃省 2011～2021 年电子及通信设备业收入规模及增速

（二）电子信息制造业骨干企业继续领跑

电子信息制造业表现亮眼的原因与龙头企业的带动效应紧密相连。如图 3 – 10 所示，就甘肃省电子信息制造业来看，其企业数量从 2011 年的 13 家上升至 2019 年的 22 家（见图 3 – 10），几乎呈现翻番增长，但主要以集成电路产业为主，其话语权显著增强。以天水华天电子集团股份有限公司（专栏 1）、天水华洋电子科技股份有限公司（专栏 2）、天水天光半导体有限责任公司（专栏 3）为代表的集成电路企业收入发展迅猛。2021 年，电子信息制造业 5 户重点企业完成工业总产值 213 亿元（占全行业总值 98%），同比增长 42%。龙头企业天水华天电子集团完成工业总产值 155 亿元，同比增长 34.2%，继续领跑全省电子信息制造业发展，已发展成为在全球集成电路封装行业第六名、国内同行上市企业第二名。

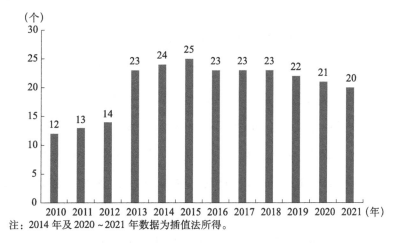

注：2014 年及 2020 ~ 2021 年数据为插值法所得。

图 3 – 10　甘肃电子信息制造业企业个数（个）

专栏 1

天水华天电子集团股份有限公司

华天电子是国家高新技术企业、国家创新试点企业、第一批国家鼓励的集成电路企业，是我国西部最大的集成电路封测基地，总资产达 182 亿元，已掌握了 MCM（MCP）、BGA/LGA、3D、SiP、MEMS、FC、TSV、Bumping、Fan-Out、WLP、Memory 等集成电路先进封装技术，形成了以集成电路封装测试业为核心，引线框架、封测专用设备、模具、半导体封装材料和包装材料等配套的产业体系。集成电路年封装能力达到 68 亿块，其中，集成电路铜线制程的年封装能力达到 30 亿块；TSV-CSP 封装能力已达到 12 万片/年；集成电路成品年测试能力达到 30 亿块；CP 测试能力达到 12 万片/年。产品广泛用于航空、航天、兵器、船舶、电子信息、工业自动化控制、计算机、网络通信以及各种消费电子产品等领域，居全国芯片封测业第二位，全球第六位。2020 年华天电子集成电路全年产量 457.28 亿块，同比增长 24.85%，总产值为 115.6 亿元，同比增长 15%。

专栏 2

天水华洋电子科技股份有限公司

天水华洋电子科技股份有限公司成立于 2009 年，是西北地区唯一集高速冷冲压、精密光学蚀刻两种工艺生产半导体集成电路引线框架和高精密光学蚀刻电子器件的微电子企业，是省级高新技术企业。经营范围包括电子电器产品，各种蚀刻产品的生产、加工、销售，混合集成电路开发、生产、销售，电子、模具设计制造、加工、销售、未曝光软片加工、销售，相关产品的进出口加工等。公司主导产品 SOT、QFN 系列配套长电科技、华天科技、南通富士通等企业，具有自主知识产权的 QFP176 产品，目前已量产并销往中国台湾日月光公司以及韩国安靠、新加坡恩智浦、马来西亚芯等全球知名半导体封测企业。2014 年 6 月已先期建成国内第一条高精密光学蚀刻密集阵 QFN 引线框架生产线，实现了国内光学蚀刻密集阵高端引线框架生产零突破。二期项目建成达产后将新增年产 20 亿只高端集成电路引线框架的能力，预计年销售收入 5 亿~8 亿元。

专栏3

天水天光半导体有限责任公司

天水天光半导体有限责任公司（国营第八七一厂）隶属于陕西电子信息集团，位于甘肃省天水市，是我国最早开发生产数字集成电路与新型半导体器件的骨干企业之一，属于甘肃省高新企业。生产集成电路已有40多年的历史。公司拥有一条4英寸晶圆生产线、一条3英寸晶圆生产线以及一条封装、测试、可靠性筛选生产线，具有年产1 000万块集成电路和12亿只半导体分立器件的生产能力。公司具备完整成熟的集成电路和半导体分立器件设计、生产、封装、测试以及可靠性试验和分析的能力，开发手段完善，检测手段齐全。企业的主要产品为数字集成电路、模拟集成电路、半导体分立器件。先后开发生产了700多种集成电路和300多种半导体分立器件产品，主要生产54TTL、54STLL、54LSTTL、54HC/HCT、54AC/ACT、ECL（ECL 10K、ECL Ⅲ）、SP8000系列数字集成电路、LM系列模拟集成电路、中频/宽频放大器、UC系列PWM电源管理电路、SDRAM存储器、功率肖特基二极管、稳压管、倒扣封装、DSN-2等系列产品。长期以来，企业生产产品广泛应用于航空航天、电子设备、数字通信、工业控制、仪器仪表、高速雷达、家用电器等领域。

三、软件和信息技术服务业发展平缓[①]

（一）软件和信息技术服务业基础薄弱

软件和信息技术服务业是我国国民经济和社会发展的基础性、先导性和

———————————

① 资料来源：甘肃省工业与信息化厅网站。

战略性产业，对经济社会发展具有重要的支撑和引领作用。甘肃政府对软件和信息技术服务行业给予了高度重视，给予软件和信息技术企业获得最佳的发展环境。目前，甘肃软件和信息技术服务业得到了长足发展，取得了显著成效，但是产业基础薄弱，关键核心技术存在短板。从总体看，2018～2020年，甘肃软件和信息技术服务业营业收入从 52.28 亿元增加至 64.03 亿元，2021 年跌落至 46.24 亿元，同比降低 17.79 亿元，增速为 -27.79%（见图 3-11）。从投资视角看，软件和信息技术服务业固定资产投资额从 2019年的 2.84 亿元下降至 2021 年的 2.68 亿元，投资额的下降造成软件和信息技术服务业发展不稳定。

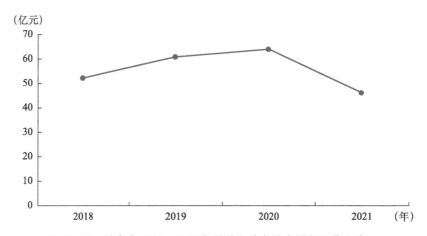

图 3-11　甘肃省 2018～2021 年软件和信息技术服务业营业收入

（二）龙头企业引领作用明显

甘肃省在软件和信息服务、信息安全、应用电子等领域，保持了较为平缓的发展态势，但拥有一批在全国具有较强竞争力的企业。以甘肃紫光智能交通与控制技术有限公司（专栏 4）和中电万维信息技术有限责任公司（专栏 5）为代表的一批优势骨干企业为工业企业提供软件开发、智能制造、检测维护等方面的服务，规模、质量、效益全面跃升，综合实力进一步增强。

专栏4

甘肃紫光智能交通与控制技术有限公司

甘肃紫光智能交通与控制技术有限公司创立于2000年，坐落在甘肃省会兰州，注册资本金1.12亿元。公司深耕智慧交通领域二十余载，业务覆盖智能基础设施、智慧路网、智慧民航、智慧城市、信息安全等行业前沿领域，以此为基，全面整合产业链服务内容，达成信息互通、资源同享，提供各类产品的智能化运维服务，是智慧交通、智慧安防行业的领先者。

甘肃紫光智能交通与控制技术有限公司历经二十余载的稳步发展，已拥有一批核心研发团队及行业专家，先后研发出了80多项自主知识产权的企业级软件。公司以大数据、人工智能、云计算、物联网、数字孪生为基础，不断应用J2EE、云计算、大数据和移动开发等主流前沿技术致力于行业应用软件的开发和新产品研制，坚持技术与客户需求"双驱动"，为客户提供信息化数字服务解决方案，形成了从产品到解决方案、从硬件基础设施到软件智慧中枢的完整产业链。

专栏5

中电万维信息技术有限责任公司

作为中国电信全资子公司，中电万维信息技术有限责任公司是国家规划布局内重点软件企业、国家计算机信息系统集成一级企业，是甘肃省省级云计算软件研发应用中心、甘肃省省级云计算工程实验室，是甘肃省战略性新兴产业发展第一批骨干企业。公司长期专注于云计算、大数据、人工智能、区块链、5G、信息安全等领域的研究，围绕数字政府、医疗健康、智慧城市、文化旅游、生态环境、数字生活等核心业务，为各级政府部门、大型企事业单位及相关行业单位提供从规划咨询、软件开发、实施交付到持续运营的数字化解决方案。

公司业务服务全国，拥有大量从国家级到省、市、县级的优秀数字化项目建设案例。先后参与多项国家部委和省级标准制定，通过"CMMI 5""ITSS 一级""CS4"等众多国际国内标准体系认证，目前拥有授权受理专利200 余件，取得软件著作权 600 余件。2023 年 6 月，中电万维凭借在数字政府领域中的卓越技术实力、先进产品以及优秀解决方案，成功入选图谱"智慧中台"领域，为数字政府的规划、建设、发展等环节提供重要参考，为数字政府下一阶段发展提供新动能。

四、互联网及相关服务业创新活跃

（一）互联网行业发展势头强劲

近年来，甘肃省在网络强国和科技强国的战略指引下，互联网行业快速发展。5G、工业互联网赋能千行百业深入推进，带动产业链加快数字化转型，不断推进传统产业改旧育新、提质升级，让互联网赋能赋值赋智稳增长。如图 3 - 12 所示，从互联网及相关服务业总体规模看，2020 ~ 2021 年，互联网企业个数从 2020 年的 180 家增加到 2021 年的 231 家，同比增长28.33%；互联网行业业务收入从 2020 年的 37 224.1 万元快速增至 2021 年的70 826.3 万元，增长率达到惊人的 90.27%，甘肃省互联网行业发展势头极为强劲。①

① 资料来源：甘肃省工业与信息化厅网站。

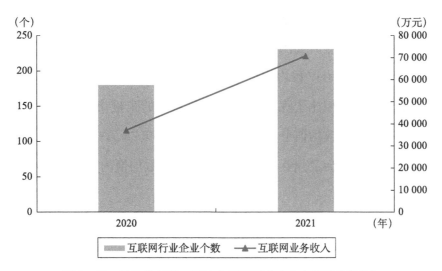

图3-12 甘肃省2020~2021年互联网业企业个数及业务收入

（二）各市州发展自东向西梯次分布①

互联网行业业务不断创新拓展，共享经济、电子支付、跨境电商等新业态不断孕育并发展壮大，已经深入人们生活的方方面面。如图3-13所示，经初步核算，甘肃全省互联网宽带接入用户数从2020年的931.4万户增加至2022年的1092.7万户，两年增加161.3万户，平均增速达8.32%。

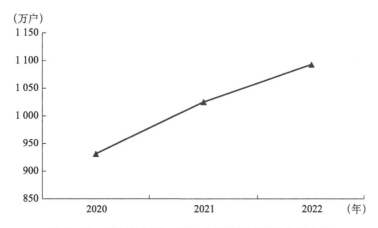

图3-13 甘肃省2020~2022年互联网宽带接入用户数

---

① 资料来源：历年《甘肃发展年鉴》及各市州统计公报。

从省内地域分布看，在整个研究期内，互联网宽带接入用户数均值呈现自动南梯次分布的特点。如图3-14所示，陇东地区，平凉市、天水市、庆阳市互联网宽带接入用户数均值分别为99.96万户、114.06万户、82.45万户，位居全省前列；相比于陇东地区，河西地区的张掖市、武威市、酒泉市互联网宽带接入用户数均值分别为58.89万户、59.25万户、57.55万户，处在省内较低水平。省会兰州互联网宽带接入用户数均值为232.93万户，居全省第一。

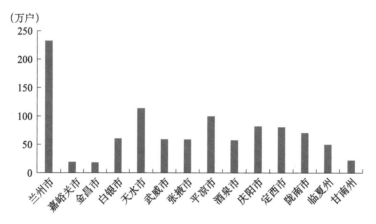

图3-14　甘肃省14市州2020~2021年互联网宽带接入用户数均值规模

第四章 甘肃数字经济"两化"水平与数字经济发展指数

数字经济所指内容是构建数字经济测算指标体系的前提。结合普遍使用的测度方式，本书将数字产业化、产业数字化、数字基础和数字环境确定为一级指标，其中，数字产业化以数据信息为核心，对数据信息产业化形式的产业即电子信息制造业、软件和信息技术服务业、电信业、互联网行业进行核算；产业数字化以实体产业为核心，通过数字技术为实体产业带来的产值增加值来衡量。数字基础、数字环境分别对数字经济基础设施建设、数字技术基础应用及环境水平等进行评价。数据主要来源于 2013～2021 年历年的《中国统计年鉴》《甘肃发展年鉴》以及国家统计局网站等。

第一节 甘肃数字经济"两化"水平测度

数字经济已经成为我国经济发展的重要支柱，"两化"覆盖全产业业态，是数字经济的产值内核，两者相互促进，但各自有清晰的内涵与核算内容。从全国数据来看，产业数字化的发展速度快于数字产业化，产业数字化对产业结构的优化升级效应大于数字产业化。产业性使"两化"发展存在区域差异其至差距。本部分将基于"两化"各自的核算内容，在省级层面测度甘肃数字经济"两化"水平。

一、甘肃产业数字化水平稳步提升

如图4-1所示，2021年甘肃产业数字化水平测算值为0.1458，较2013年的0.0731实现产业数字化水平翻倍提升，复合增长率达到7.97%。2018年以来产业数字化开始提速发展，2018~2021年产业数字化水平较上年的平均增长率为11.32%，显著大于2014~2017年6.83%的平均增长率。

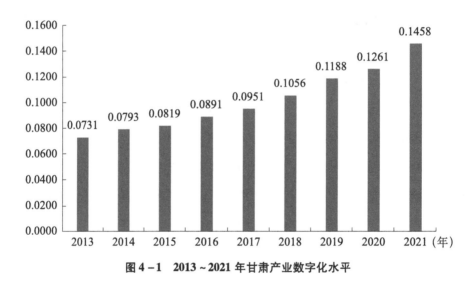

图4-1 2013~2021年甘肃产业数字化水平

2013~2021年我国产业数字化水平（见表4-1）增长速度较快，全国平均水平由2013年的0.2603增长为2021年的0.4575，各地均实现逐年稳步增长。甘肃省的发展趋势与全国保持一致，增长率与全国平均水平基本持平，但是总体的发展水平始终低于全国平均水平，在全国的排名持续保持第26位，与海南、青海、宁夏等地同属于产业数字化发展第四梯队。在产业数字化发展过程中，随着市场化进程的加速和先进生产技术的应用，发展能力较强的区域依靠高新技术产业和制造业促进产业结构多元化、产业效益不断提升、产业标准化水平提高，这些产业主要分布在东部地区。而甘肃能源资源禀赋占有比较优势，资源依赖度高，所开采资源的质量与自然地理环境高度关联，品质存在不确定性，致使资源型产业标准化水平不高，数字技术应用难度大，这使得甘肃在数字经济时代的产业发展格局中有被边缘化的风险。

表 4 – 1　　　　　　　　2013 ~ 2021 年全国产业数字化发展水平

项目	2013 年	2014 年	2015 年	2016 年	2017 年	2018 年	2019 年	2020 年	2021 年
甘肃	**0.0731**	**0.0793**	**0.0819**	**0.0891**	**0.0951**	**0.1056**	**0.1188**	**0.1261**	**0.1458**
均值	0.2603	0.2791	0.2976	0.3183	0.3413	0.3690	0.3987	0.4145	0.4575
北京	0.1502	0.1638	0.1769	0.1931	0.2138	0.2385	0.2550	0.2569	0.2960
天津	0.0726	0.0784	0.0805	0.0849	0.0921	0.0999	0.1057	0.1060	0.1225
河北	0.3865	0.3947	0.4028	0.4199	0.4354	0.4628	0.4929	0.5146	0.5554
山西	0.1288	0.1310	0.1263	0.1270	0.1479	0.1610	0.1746	0.2003	0.2512
内蒙古	0.1771	0.1864	0.1937	0.2025	0.2091	0.2259	0.2417	0.2480	0.3003
辽宁	0.2695	0.2761	0.2814	0.2682	0.2802	0.3031	0.3236	0.3254	0.3546
吉林	0.1380	0.1435	0.1454	0.1397	0.1398	0.1467	0.1583	0.1761	0.1815
黑龙江	0.2436	0.2541	0.2522	0.2566	0.2696	0.2760	0.2926	0.3019	0.3089
上海	0.1746	0.1903	0.2020	0.2232	0.2468	0.2712	0.2847	0.2902	0.3238
江苏	0.7025	0.7558	0.8367	0.8923	0.9577	1.0250	1.0767	1.1096	1.2343
浙江	0.4049	0.4279	0.4617	0.4998	0.5405	0.5891	0.6301	0.6435	0.7191
安徽	0.2951	0.3180	0.3352	0.3631	0.3927	0.4313	0.4714	0.4894	0.5321
福建	0.2851	0.3127	0.3353	0.3726	0.4083	0.4605	0.5033	0.5133	0.5687
江西	0.2027	0.2190	0.2350	0.2534	0.2685	0.2909	0.3181	0.3329	0.3687
山东	0.6658	0.7049	0.7624	0.7865	0.8136	0.8494	0.8888	0.9064	1.0200
河南	0.4964	0.5296	0.5564	0.5866	0.6235	0.6744	0.7243	0.7582	0.7966
湖北	0.3794	0.4096	0.4370	0.4819	0.5159	0.5566	0.6003	0.5856	0.6685
湖南	0.3448	0.3683	0.3980	0.4274	0.4512	0.4762	0.5415	0.5820	0.6147
广东	0.6878	0.7448	0.8126	0.8919	0.9689	1.0512	1.1460	1.1788	1.2966

续表

项目	2013 年	2014 年	2015 年	2016 年	2017 年	2018 年	2019 年	2020 年	2021 年
广西	0.2302	0.2468	0.2686	0.2951	0.3099	0.3340	0.3698	0.3840	0.4294
海南	0.0516	0.0585	0.0642	0.0729	0.0775	0.0822	0.0912	0.0941	0.1071
重庆	0.1499	0.1663	0.1840	0.2113	0.2285	0.2472	0.2740	0.2971	0.3259
四川	0.4134	0.4483	0.4722	0.5100	0.5651	0.6159	0.6674	0.7177	0.7613
贵州	0.1104	0.1380	0.1740	0.1993	0.2222	0.2443	0.2634	0.2826	0.3035
云南	0.2068	0.2243	0.2381	0.2592	0.2803	0.3106	0.3639	0.4026	0.4323
陕西	0.2110	0.2295	0.2362	0.2520	0.2731	0.2996	0.3244	0.3363	0.3775
青海	0.0078	0.0096	0.0105	0.0134	0.0161	0.0204	0.0241	0.0263	0.0301
宁夏	0.0136	0.0151	0.0173	0.0193	0.0233	0.0276	0.0296	0.0343	0.0412
新疆	0.1355	0.1475	0.1484	0.1555	0.1714	0.1939	0.2054	0.2150	0.2571

二、甘肃数字产业化水平快速提升

如图4-2所示，2021年甘肃数字产业化水平测算值为0.0123，2020年为0.0311，相较于2013年的0.0054实现了数字产业化水平大幅提升，2020年较之于2013年复合增长率达到21.47%，是产业数字化的三倍之多。2018年以来数字产业化开始提速发展，2018～2020年产业数字化水平较上年的平均增长率为41.98%，是2014～2017年平均增长率22.81%的两倍。2021年由于发展不确定性的增加以及数据误差，出现了数字产业化水平下降。

2013～2021年，我国数字产业化水平（见表4-2）整体稳步提升，全国均值由2013年的0.0597上涨至2021年的0.2144，增幅达4倍以上；但是全国层面的极差水平也在不断扩大，2013年最值分别为0.3476和0.0009，极差为0.3467，到2021年最值已变为1.2394和0.0089，极差扩大至1.2305。就甘肃在全国的水平来说，甘肃省的数字产业化水平历年均低于全

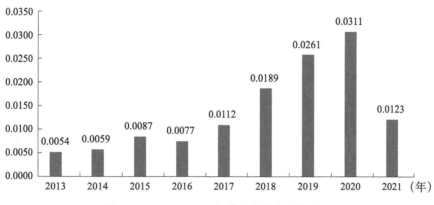

图 4 - 2　2013～2021 年甘肃数字产业化水平

国平均水平，在全国的排名徘徊于 26～28 位，位列全国末位，发展较为落后。但是近年发展增速较快，除 2021 年外，每年较上年的增速达到 20% 及以上，发展势头较好。近年来甘肃省网络基础设施建设步伐加快，积极统筹布局大数据中心，一系列互联网龙头和新锐企业落地甘肃，为数字产业化发展不断奠定基础、注入活力。

表 4 - 2　　　　　　　　2013～2021 年全国数字产业化发展水平

项目	2013 年	2014 年	2015 年	2016 年	2017 年	2018 年	2019 年	2020 年	2021 年
甘肃	**0.0054**	**0.0059**	**0.0087**	**0.0077**	**0.0112**	**0.0189**	**0.0261**	**0.0311**	**0.0123**
均值	0.0597	0.0824	0.1002	0.1101	0.1324	0.1602	0.1841	0.2057	0.2144
北京	0.1852	0.2477	0.3034	0.3337	0.4732	0.5459	0.6807	0.8206	1.0485
天津	0.0493	0.0644	0.0861	0.0819	0.0885	0.1060	0.1241	0.1477	0.1639
河北	0.0260	0.0296	0.0368	0.0494	0.0475	0.0614	0.0861	0.1024	0.0588
山西	0.0081	0.0095	0.0163	0.0138	0.0191	0.0423	0.0479	0.0543	0.0411
内蒙古	0.0066	0.0063	0.0182	0.0187	0.0228	0.0318	0.0442	0.0496	0.0446
辽宁	0.0896	0.1188	0.1357	0.0951	0.1091	0.1116	0.1325	0.1401	0.1246
吉林	0.0124	0.0191	0.0241	0.0263	0.0298	0.0373	0.0357	0.0327	0.0231
黑龙江	0.0105	0.0082	0.0148	0.0118	0.0191	0.0178	0.0241	0.0263	0.0101
上海	0.1191	0.2191	0.2657	0.3026	0.3324	0.3855	0.4480	0.5007	0.6005
江苏	0.2784	0.3105	0.3629	0.3990	0.4527	0.5221	0.5361	0.6256	0.6305

续表

项目	2013 年	2014 年	2015 年	2016 年	2017 年	2018 年	2019 年	2020 年	2021 年
浙江	0.1197	0.1535	0.2068	0.2400	0.2799	0.3581	0.4178	0.3674	0.4883
安徽	0.0307	0.0371	0.0524	0.0610	0.0680	0.0990	0.1218	0.1373	0.1245
福建	0.0590	0.0802	0.1053	0.1203	0.1498	0.1799	0.2032	0.1950	0.2083
江西	0.0205	0.1953	0.0386	0.0425	0.0576	0.0695	0.0822	0.0927	0.0839
山东	0.1230	0.1609	0.2147	0.2587	0.3090	0.3565	0.3451	0.3732	0.4024
河南	0.0414	0.0512	0.0776	0.0744	0.0878	0.1176	0.1215	0.1378	0.0868
湖北	0.0458	0.0524	0.0704	0.0889	0.1146	0.1297	0.1524	0.1514	0.1493
湖南	0.0361	0.0354	0.0492	0.0564	0.0646	0.0824	0.1080	0.1426	0.1103
广东	0.3476	0.4178	0.5641	0.6242	0.7652	0.9047	1.0337	1.0998	1.2394
广西	0.0175	0.0155	0.0249	0.0237	0.0260	0.0412	0.0689	0.0865	0.0597
海南	0.0034	0.0047	0.0092	0.0090	0.0123	0.0221	0.0267	0.0235	0.0166
重庆	0.0285	0.0520	0.0701	0.0843	0.0971	0.1165	0.1346	0.1628	0.1795
四川	0.0625	0.0876	0.1082	0.1397	0.1640	0.1920	0.1850	0.2735	0.2468
贵州	0.0115	0.0130	0.0206	0.0274	0.0297	0.0465	0.0593	0.0718	0.0376
云南	0.0183	0.0266	0.0381	0.0199	0.0309	0.0465	0.0686	0.0875	0.0430
陕西	0.0284	0.0399	0.0597	0.0722	0.0886	0.1268	0.1584	0.1750	0.1653
青海	0.0009	0.0011	0.0079	0.0055	0.0038	0.0068	0.0084	0.0105	0.0089
宁夏	0.0018	0.0020	0.0029	0.0044	0.0059	0.0091	0.0127	0.0145	0.0100
新疆	0.0044	0.0069	0.0122	0.0110	0.0118	0.0204	0.0292	0.0376	0.0120

第二节　甘肃数字经济发展指数

综合考量数字经济基础、数字经济环境、数字产业化、产业数字化，得到数字经济发展水平指数。如图 4-3、表 4-3 所示，甘肃省数字经济发展指数整体呈现上升趋势，由2013年的0.1212增长至2021年的0.3083，复合增长率10.93%。其间在2015年略有下降后立即回升，随后增速放缓，2019～2021年平均增速4.66%。

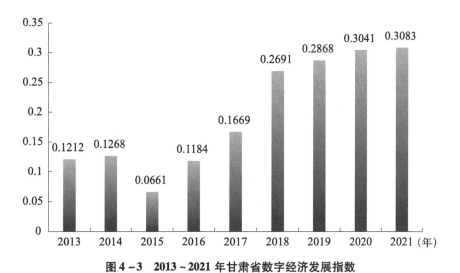

图4-3 2013～2021年甘肃省数字经济发展指数

表4-3   2013～2021年数字经济发展指数

项目	2013年	2014年	2015年	2016年	2017年	2018年	2019年	2020年	2021年
甘肃	**0.1212**	**0.1268**	**0.0661**	**0.1184**	**0.1669**	**0.2691**	**0.2868**	**0.3041**	**0.3083**
北京	0.3831	0.4559	0.4894	0.6125	0.6977	0.9463	1.0986	1.1611	1.3093
天津	0.2591	0.2682	0.2280	0.2641	0.3338	0.4770	0.5319	0.5625	0.5859
河北	0.2658	0.2609	0.2465	0.2606	0.3360	0.4898	0.5652	0.6002	0.6039
山西	0.1401	0.1447	0.0903	0.1185	0.2036	0.3300	0.3566	0.3656	0.3723
内蒙古	0.1359	0.1306	0.0689	0.1114	0.2069	0.2805	0.3055	0.3198	0.3294
辽宁	0.2111	0.2237	0.1834	0.2134	0.2884	0.4065	0.4467	0.4496	0.4384
吉林	0.1557	0.1554	0.0878	0.1161	0.1862	0.3092	0.3309	0.3474	0.3421
黑龙江	0.1533	0.1552	0.1063	0.1217	0.2027	0.3051	0.3338	0.3473	0.3452
上海	0.4390	0.5348	0.5283	0.6393	0.6979	0.9369	1.0846	1.1450	1.2221
江苏	0.5857	0.5553	0.6151	0.6646	0.7934	1.0270	1.1315	1.1875	1.1841
浙江	0.4254	0.4206	0.4496	0.5276	0.5919	0.8128	0.8943	0.8925	0.9440

续表

项目	2013 年	2014 年	2015 年	2016 年	2017 年	2018 年	2019 年	2020 年	2021 年
安徽	0.2525	0.2359	0.2210	0.2450	0.3298	0.4836	0.5829	0.6125	0.5915
福建	0.2769	0.2737	0.2782	0.3781	0.4834	0.6377	0.6960	0.6782	0.6927
江西	0.1989	0.2420	0.1691	0.1715	0.2511	0.3889	0.4406	0.4679	0.4522
山东	0.4216	0.4087	0.4289	0.4639	0.5603	0.7456	0.8308	0.9519	0.9651
河南	0.2537	0.2450	0.2489	0.2626	0.3636	0.5507	0.6620	0.6853	0.6726
湖北	0.2362	0.2407	0.2413	0.2679	0.3670	0.5325	0.6146	0.6291	0.6239
湖南	0.2435	0.2447	0.2303	0.2585	0.3251	0.4604	0.5424	0.5928	0.5845
广东	0.6680	0.6974	0.8136	0.8659	0.9653	1.2721	1.4838	1.5505	1.6378
广西	0.1603	0.1354	0.0242	0.0732	0.1721	0.2930	0.3611	0.4068	0.3838
海南	0.1613	0.1851	0.0981	0.1450	0.2112	0.3259	0.3439	0.3325	0.3227
重庆	0.1613	0.1776	0.1353	0.1877	0.2662	0.4031	0.4728	0.5075	0.5097
四川	0.2798	0.2896	0.2717	0.3121	0.4054	0.5522	0.6805	0.7552	0.7267
贵州	0.1328	0.1291	0.0678	0.1181	0.2005	0.3218	0.3749	0.3956	0.4009
云南	0.1575	0.1630	0.1109	0.1300	0.2152	0.3322	0.3986	0.4188	0.3881
陕西	0.2367	0.2371	0.2051	0.2264	0.3074	0.4586	0.5376	0.5611	0.5665
青海	0.0893	0.1065	0.0294	0.0816	0.1282	0.2165	0.2263	0.2362	0.2387
宁夏	0.1294	0.1291	0.0388	0.0960	0.1474	0.2471	0.2579	0.2661	0.2615
新疆	0.0843	0.0928	0.0197	0.0696	0.1288	0.2246	0.2479	0.2579	0.2610

　　甘肃省数字经济发展指数在全国的排名于 2013 年居第 28 位，之后以低水平徘徊，在 2021 年依然处于第 27 位，排位变化不大，但是增速在逐渐加快，增长潜力和未来趋势更有优势。《甘肃省"十四五"数字经济创新发展规划》提到甘肃数字经济发展目前存在的一些问题，主要表现为：一是产业规模小。较传统产业相比，产业配套能力弱，区域、城乡数字化发展不平衡。2020 年，全省数字经济核心产业增加值占 GDP 比重为 2.2%，比全国平均水平低 5.6 个百分点。二是创新能力不足，甘肃省具有行业影响力的领军企业和龙头企业不多，平台型企业缺乏，数字企业创新

能力有待进一步提升，产业集聚水平较低，创新效应不明显。2020 年，省内企业申请数字经济领域专利 3 017 件，仅占全国的 0.35%。三是数据应用水平不高。数据中心大部分为中小型数据中心，未形成集群化、规模化。政务数据开放共享利用程度低，"数据孤岛"问题亟须解决，数据价值未能有效挖掘。

第五章　数字经济政策布局及推进建议

"十四五"期间，数字经济成为我国引领经济社会高质量发展的重要动力，加快数字技术和基础设施、贸易、金融、产业、科教文卫等领域融合发展，为数字化技术应用创造巨大的发展机会，为经济社会转型升级开辟新蓝海。

第一节　提升数字基础设施支撑能力

一、推进信息技术网络基础设施建设

近年来，"新基建"的发展是甘肃省大力建设信息技术网络基础设施，完善新型数字基础设施重大战略机遇期。第一，甘肃省重点建设互联网协议第 6 版（IPv6）、物联网、人工智能等的新一代信息技术。第二，围绕兰州市新型网络基础设施建设的发展，不断地拓展数字设施到县、乡、村，逐步实现乡、村的 5G 设施覆盖。第三，甘肃省信息技术网络基础设施建设应该注重新基础设施建设安全性的多维度提升，加强安全体系的建设，加强网络安全的防护。

二、加强大数据基础设施建设

大数据基础设施连接着基础设施和应用，建立数据层，对数据进行整合、数据治理、数据保护、预测等，主要的任务是打通数据孤岛，实现数据资产化、知识化、服务化，打造数字化的组织。大数据基础设施的建设应该从以下几点入手。第一，在配套设施建设的层面加大力度。网络设施空间布局的协调发展，推动城乡网络的建设，提升信息传输能力。第二，加大大数据平台设计建设。建设大数据跨区域、跨行业的数据交易平台，扩大大数据的应用和大数据衍生产品等方面的交易。第三，鼓励社会资本的积极参与，提高大数据基础设施的资金注入能力，发展更多的有效需求。第四，维护数据信息的安全。第五，建立完善的公共数据安全立法机制。

第二节　创新培育数据要素市场

一、建设甘肃省一体化大数据协同创新体系

按照国家要求，建设甘肃省一体化大数据中心协同创新体系，引导数据中心集约化、规模化、绿色化发展。第一，建设"数据交易管理""数据使用标准"等的创新平台体系是非常有必要的，在数据创新服务平台中建立"数据银行"，使数据资产的利用以银行监管的责任形式进行规范，为数据要素的市场化发展奠定基础。第二，在数据交易技术的提高、数据交易基础的夯实的基础上，建设甘肃省一体化数据中心工程，更好地培育数字经济生态系统。第三，对数据要素的深度应用不断加深，提高数据在

农业、工业、服务业领域的全过程充分应用能力，在产业企业中建立数据的链接机制。

二、促进公共数据开放共享

数据资源的开放与共享是社会经济活动中的基础工作。在现代化的发展过程中的数据的开放共享是至关重要的，促进公共数据开放共享，就是在不断提升公共服务的能力。首先是区域一体化，地区数据管理机构以整体授权来委托数据运营机构整体开展区域内公共数据的市场运营；其次是场景牵引式，行业管理机构在公共资源的统筹管理基础上基于特定应用场景，通过特定化的数据分类，针对性地进行专业分类授权，引入专业化机构。

第三节　推进产业数字化转型升级

一、推动农业数字化转型

近年来，甘肃省加快发展数字农业，将信息引入农业生产的领域，用现代信息技术对农业对象、环境和全过程进行可视化的表达、数字化的设计、信息化的管理。使得农业的发展出现新的思路，采用现代化的技术是农业实现数字化转型的重要手段，在更加集成化的生产过程中更好地发展甘肃省特色农业。推动农业数字化的转型，应该提升农业数字化水平，注重农业产业的全链条发展；农村的数字化电子商务物流的建设应该普及；在农村数字领域的创新与研发方面应加大力度，使技术的创新作用充分发挥出来。

二、推动工业数字化转型

围绕沿黄河流域、河西走廊、陇东南三大产业聚集带的空间布局，聚焦石化、能源、冶金、装备制造等重点行业，打造智能制造产业集群，全面提升企业数字化水平，形成以智能制造为驱动的新型工业体系。现阶段，甘肃省工业企业的数字化转型正当其时，应该加大步伐创新培育与调整结构相结合，从总体上改善基础设施、优化营商环境、打造数字化的发展平台等，提升甘肃省高质量发展的能力，在"十四五"实现经济的较快增长。

三、推动服务业数字化转型

在甘肃省的产业结构体系中，服务业的成绩突出，表现出强大的潜力，渗透在经济社会领域中的各个部分。大力发展现代化的服务业为甘肃数字经济的发展增加支撑力，有效整合利用线上线下资源，发展体验式消费、个性需求定制服务等新业态，推进生活性服务业数字化升级。甘肃服务业数字化的发展要在结合甘肃省具体情况的基础上，有特色、有针对性、有目的性地发展，促进服务业与文化旅游业的深度融合。

第四节　推进构建数字产业化系统

一、大力发展数据算力服务

完善甘肃省算力服务体系，加快全省的算力网络布局建设，应依托国家

"东数西算"工程，提升甘肃省算力能力。打造甘肃省以兰州庆阳为核心、其他区域为支点的算力服务网络布局，应加快融入国家算力网络体系中，实现甘肃省算力资源的合理高效配置，加速省内数据要素的流通，更好地释放甘肃省数据价值，引导数据中心的绿色、集约、安全和规模化发展。

二、推进数字内容产业与新型数字产业发展

推进数字内容产业的发展是构建数字产业体系的重要环节。数字内容产业的主要表达方式是文字、图像、语音等，其核心竞争力是创意与科技。甘肃省数字内容产业在初步发展阶段，在未来的发展会出现新的发展模式与方向，应该在数字内容产业发展的过程中融入甘肃省禀赋资源元素的政策引导，增强甘肃省数字内容产业的竞争力。新兴数字产业强调数据的经济价值活动，数据的采集、传输、存储与分析能力在新一代数字技术的作用下不断提升。支持新型数字产业发展壮大，要不断地推动数字经济与实体产业的深度融合，挖掘甘肃省产业基础禀赋，补齐数字经济发展短板，在突出比较优势的基础上，打造甘肃省具有特色的核心产业，塑造数字经济竞争优势。

三、扶持数字产业龙头企业发展

在企业发展速度方面与规模方面，与先进地区相比，甘肃省龙头企业少，自主创新能力弱，限制着甘肃省数字经济的发展。因此，甘肃省在龙头企业的扶持上主要从以下几点体现：第一，支持华天科技、天光半导体、长风电子等龙头企业建设高水平生产线，提升集成电路芯片、模块、系统的测试水平。积极引入芯片设计企业，优化集成电路设计制造产业布局。第二，深化与东部省份的合作，依托鲲鹏生态产业创新中心和兰州新区、平凉、张掖、天水等地智能制造产业园，继续引进鲲鹏、龙芯等产业链企业落地甘

肃，构建自主可控软硬件产业集群。第三，依托东旭、联想、海尔等优势企业，推进天水、平凉光电产业集聚发展，并带动上下游产业，打造光电产业链生态体系。

第五节　打造数字政府协同治理模式

建立健全运用互联网、大数据、人工智能等技术手段与政府行政管理深度融合的制度规则体系，持续提升"互联网＋政务服务"水平，推进数字政府治理模式创新。首先，建设"互联网＋监管"服务系统，提升政府数字监管水平，促进政务服务的升级，让数字红利惠及更多的市场主体和广大人民群众。其次，不断提升政府"放管服"水平，优化政府服务水平，深化政府服务模式改革，推进实体政务大厅和网上服务平台对接，形成线上线下功能互补、相辅相成的政务服务新模式，加快"数字政府"的建设。最后，探索数字政府协同治理模式，提升政府部门和企事业单位的数字化管理水平。

第六节　推进"数字丝绸之路"建设

"一带一路"建设是甘肃省数字经济发展的重要机遇。深度融入"一带一路"建设是甘肃省加快构建平台口岸、畅通物流通道、加强贸易合作的重要路径。参与"一带一路"共建国家与地区的数字经济发展，能够推动甘肃省更高水平的对外开放，让甘肃省相关产业、企业"走出去"。同时，甘肃省在参与"一带一路"共建国家和地区的数字项目招标和建设中发挥积极主动的作用，共建国家和地区的数字经济对甘肃省数字经济发展的促进作用是甘肃省构筑数字经济新优势的重要推动力。积极参与"一带一路"国家与地区数字经济项目与建设也能推动打造甘肃省数字经济贸易的示范区，促进甘肃省的数字贸易高质量发展。

附　录

附录一　数字经济测算框架

　　按照数字经济定义，结合中国信息通信研究院发布的《中国数字经济发展白皮书》，数字经济包括数字产业化和产业数字化两大部分。数字经济规模的测算框架如附图 1 所示。

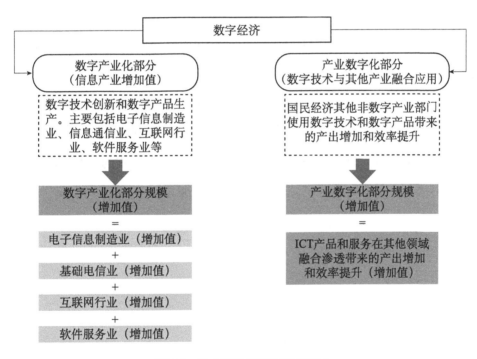

附图 1　数字经济规模的测算框架

资料来源：中国信息通信研究院。

一、数字产业化部分的测算方法

数字产业化部分即信息通信产业，主要包括电子信息设备制造、电子信息设备销售和租赁、电子信息传输服务、计算机服务和软件业、其他信息相关服务，以及由于数字技术的广泛融合渗透所带来的新兴行业，如云计算、物联网、大数据、互联网金融等。增加值计算方法：数字产业化部分增加值按照国民经济统计体系中各个行业的增加值进行直接加总。

二、产业数字化部分的测算方法

数字技术具备通用目的技术（GPPT）的所有特征，通过对传统产业的广泛融合渗透，对传统产业增加产出和提升生产效率具有重要意义。对于传统产业中数字经济部分的计算思路就是要把不同传统产业产出中数字技术的贡献部分剥离出来，对各个传统行业的此部分加总得到传统产业中的数字经济总量。本书测算产业数字化部分增加值采用的主要方式为按照国民经济统计体系中第一、第二、第三产业的增加值直接加总。

附录二　数字经济指数评价指标体系

数字经济指数评价指标体系如附表 1 所示。

附表 1　　　　　　　　　　　数字经济指数评价指标体系

一级指标	二级指标	三级指标
数字经济发展指数	数字基础	移动互联网接入流量
		移动电话基站密度
		互联网宽带接入端口密度
		域名数
	数字环境	每百家企业拥有网站数
		数字普惠金融数字化程度
		移动短信业务量（亿条）
		高新技术产业 R&D 内部经费支出
		每十万人口高等学校平均在校生数
	数字产业化	电子商务销售额
		电子及通信设备制造业利润总额
		电信业务总量
		软件业务收入合计
		信息技术服务收入
	产业数字化	第一产业产业增加值
		第二产业产业增加值
		第三产业产业增加值

附录三　缺失数据处理

在数字经济测算及分析过程中存在一定缺失数据，缺失数据处理方法如下。

将没有统计的数据作为缺失序列，已有数据视为约束条件。以数据 A 缺失为例，设定 A_t^Q 为可观测数据，A_t^M 为缺失数据序列，则有：

$$A_t^Q = f(A_t^M, A_{t-1}^M, A_{t-2}^M \cdots) \tag{1}$$

设 V_t 为 m 个可观测数据组成的向量，V_t^Q 为 n 个可观测数据组成的向量，V_t^M 为对应于 V_t^Q 的不可观测月度数据组成的向量，则可以构建基于不同频率含有缺失值的混频动态因子模型：

$$\begin{pmatrix} V_t \\ V_t^M \end{pmatrix} = \begin{pmatrix} \prod M \\ \prod N \end{pmatrix} F_t + \begin{pmatrix} \varepsilon_t^M \\ \varepsilon_t^N \end{pmatrix} \tag{2}$$

$$B(L)F_t = \theta_t$$

其中，F_t 为 $c \times 1$ 维共同因子，表示协同变动信息；$\prod M$ 和 $\prod N$ 分别为 $m \times c$ 维及 $n \times c$ 载荷系数矩阵；ε_t^M 和 ε_t^N 为随机扰动项；$B(L)$ 为由 p 阶滞后算子组成的 $c \times c$ 维系数矩阵。假定 $\varepsilon_t^M \sim i.i.d. N(O, \Omega_{\varepsilon M})$，$\varepsilon_t^N \sim i.i.d. N(O, \Omega_{\varepsilon N})$，$\varepsilon_t^N \sim i.i.d. N(O, \Omega_{\varepsilon N})$。

由于 V_t^M 为不可观测的数据序列，模型不能直接进行参数估计，将可观测的数据序列 V_t^Q 替换为不可观测的数据序列 V_t^M，有以下方程：

$$\begin{pmatrix} V_t \\ V_t^M \end{pmatrix} = \begin{pmatrix} \prod M & 0 & 0 \\ f\prod N & f\prod N & f\prod N \end{pmatrix} \begin{pmatrix} F_t \\ F_{t-1} \\ F_{t-2} \end{pmatrix} + \begin{pmatrix} \varepsilon_t^M \\ \varepsilon_t^N \end{pmatrix} + \begin{pmatrix} 1 & 0 & 0 & 0 \\ 0 & 1 & 1 & 1 \end{pmatrix} + \begin{pmatrix} \varepsilon_t^M \\ \varepsilon_t^N \\ \varepsilon_{t-1}^N \\ \varepsilon_{t-2}^N \end{pmatrix}$$

$$B(L)F_t = \theta_t \tag{3}$$

由以上两方程组成的模型为混频近似动态因子模型。假定 F_t 服从 Markov 转换自回归过程，运用极大似然方法对相应缺失值进行估算。

附录四　数字经济发展指数测算过程

1. 研究方法。主成分分析又称主分量分析，是通过线性变换将多个具有相关性的原始数据变换为线性无关的表示，以提取数据的主要特征分量来降低维度，最终筛选出少数个可以包含绝大多数解释变量的一种多元统计方法。该方法将多样化的指标信息融合为几个关键指标，生成的关键因子既包括最初数据的主要内容，又能反映最初数据与各因子之间的关系，在尽可能保持原有信息的基础上降低研究的复杂性。

2. 指标处理。将原始数据按照指标的不同意义进行量化处理。处理方法如下。

当指标与评价因素呈正相关时，采用如下方法，即：

$$X_{ij}^* = \frac{X_{ij} - X_{jmin}}{X_{jmax} - X_{jmin}} \quad j = 1, 2, \cdots, m; \ i = 1, 2, \cdots, n \tag{1}$$

如果指标数值高低与评价因素呈负相关时，则有：

$$X_{ij}^* = \frac{X_{jmax} - X_{ij}}{X_{jmax} - X_{jmin}} \tag{2}$$

采用中心化无量纲处理，其数学计算式如下：

$$X_{ij}^* = \frac{X_{ij}}{X_{jmax}} \tag{3}$$

其中，m 表示指标个数；n 表示参与研究的地区数（变量数）；X_{ij}^* 表示数据处理后第 j 个指标在第 i 个地区的值；X_{ij} 表示数据未处理前第 j 个指标在第 i 个地区的值；X_{jmax} 和 X_{jmin} 分别表示第 j 个指标在研究的 n 个地区中的最值。

经过中心化处理过的指标，数值介于 0 到 1 之间。

3. 主成分分析步骤。

假设有 A 个一级指标，B 个指标的原始样本矩阵 X，则：

$$X = (X_{ij}) A \times B, \ i = 1, \ 2, \ \cdots, \ A, \ j = 1, \ 2, \ \cdots, \ B; \tag{4}$$

计算各指标间的相关系数矩阵 $R_{b \times b}$，它的特征值 $\lambda_1 \geqslant \lambda_2 \geqslant \cdots \geqslant \lambda_m$ 以及对应的特征向量 e_j，由此得到主成分 T_i：

$$T_i = X_{ej} \tag{5}$$

第 j 个主成分方差贡献率在 85% ~ 95% 时，取前 q 个主成分 T_1，T_2，$\cdots$，T_q，那么这个主成分 q 就可以用来反映原来 B 个指标的信息。每个成分的贡献率（方差解释）为：

$$a = \sum_{1}^{q} a_j \tag{6}$$

可以求得研究对象的综合得分 W，如下：

$$W = aX_1 + bX_2 + \cdots + xX_x \tag{7}$$

其中，X 表示特征值的特征向量；a、b 等则是原始指标的标准化数据。

本书在 IBM SPSS Statistics23.0 软件中，对所选取的 17 个指标进行主成分分析，通过筛选少数个包含较多解释变量的变量，且赋以权重后加权求和达到评价甘肃省数字经济发展水平的目的。

参考文献

[1] 王娟娟，佘干军. 我国数字经济发展水平测度与区域比较［J］. 中国流通经济，2021（8）：3－17.

[2] 张雪玲，焦月霞. 中国数字经济发展指数及其应用初探［J］. 浙江社会科学，2017（4）：32－40.

[3] 焦帅涛，孙秋碧. 我国数字经济发展测度及其影响因素研究［J］. 调研世界，2021，334（7）：13－23.

[4] 刘军，杨渊鋆，张三峰. 中国数字经济测度与驱动因素研究［J］. 上海经济研究，2020（6）：81－96.

[5] 蔡跃洲，牛新星. 中国信息通信技术产业的国际竞争力分析——基于贸易增加值核算的比较优势及技术含量测算［J］. 改革，2021（4）：24－44.

[6] 陈晓东，杨晓霞. 数字经济发展对产业结构升级的影响——基于灰关联熵与耗散结构理论的研究［J］. 改革，2021（3）：26－39.

[7] 徐清源，单志广，马潮江. 国内外数字经济测度指标体系研究综述［J］. 调研世界，2018（11）：52－58.

[8] 张雪玲，吴恬恬. 中国省数字经济发展空间分化格局研究［J］. 调研世界，2019（10）：34－40.

[9] 许宪春，张美慧. 中国数字经济规模测算研究——基于国际比较的视角［J］. 中国工业经济，2020（5）：23－41.

[10] 王娟娟. 我国数字经济的"两化"发展与区域比较［J］. 中国流

通经济，2023（1）．

　　［11］王娟娟．产业数字化与我国区域发展格局演变［J］．甘肃社会科学，2022（4）：204－214．

　　［12］王伟玲，王晶．我国数字经济发展的趋势与推动政策研究［J］．经济纵横，2019（1）：69－75．

　　［13］陈万钦．数字经济理论和政策体系研究［J］．经济与管理，2020（6）：6－13．

　　［14］李勇坚．数字经济助力共同富裕的理论逻辑、实现路径与政策建议［J］．长安大学学报（社会科学版），2022（1）：24－34．

后　记

共建"一带一路"倡议提出十年来，随着人工智能技术、大数据、云计算等数字技术的快速发展，"一带一路"被赋予了"数字丝绸之路"新的内涵，甘肃是我国"一带一路"倡议的重要节点省份，数字经济已经成为推动甘肃省高质量发展的重要动力。近年来，甘肃省数字经济健康有序发展，数字经济基础设施建设和完善、传统产业数字化转型升级、数字科技创新能力加强和数字政府建设成绩卓越为甘肃省更好地融入"一带一路"提供了强有力的保障。

本书详细梳理了甘肃省数字经济发展现状。从产业数字化和数字产业化角度出发，利用历年《中国统计年鉴》《甘肃发展年鉴》以及甘肃省政府工作报告等资料中的相关数据分析测算甘肃数字经济"两化"水平与数字经济发展指数，更加准确地反映了甘肃省数字经济发展取得的成绩和不足，为"到 2025 年底，数字经济规模总量突破 5 000 亿元"甘肃省数字经济发展目标提出政策布局及推进建议。

在本书写作过程中，参考借鉴了国内外关于数字经济的相关研究成果和中国信息通信研究院撰写的《中国数字经济发展报告》，在此对这些研究者和作者表示真挚的谢意。

编写组

2023 年 9 月 1 日